구산의 별꽃

구산의 별꽃
성 김성우 안토니오의 이야기

발행일 2023. 4. 4

글쓴이 김관숙
펴낸이 서영주

펴낸곳 성바오로
출판등록 7-93호 1992. 10. 6
주소 서울특별시 강북구 오현로7길 20(미아동)

취급처 성바오로보급소 **전화** 944-8300, 986-1361
팩스 986-1365 **통신판매** 945-2972
E-mail bookclub@paolo.net
인터넷 서점 www.paolo.kr · www.facebook.com/stpaulskr

책값은 뒤표지에 있습니다.
ISBN 978-89-8015-943-7
교회인가 서울대교구 2022. 12. 8 **SSP** 1086

© 김관숙, 2023

• 이 책은 저작권법의 보호를 받으므로 무단전재와 무단복제를 금합니다.
이 책 내용의 전부 또는 일부를 재사용하려면 반드시 저작권자와 성바오로출판사의 동의를 얻어야 합니다.

성 김성우 안토니오의 이야기

구산의 별꽃

김관숙 글

차례

	시작하는 글	6
1장	아득한 시원	10
2장	접목	55
3장	함께 걷는 사람들	86
4장	배교자	123
5장	사학토치령	150
6장	존재감의 존재	179
7장	비움	220
8장	꽃님이	263
9장	나를 바라보라	297
	맺는 글	308

작가의 말

시作하는 글

　새벽의 찬바람을 막아 주듯 부드러운 안개가 보듬고 있는 작은 마을. 기와지붕을 인 대가(大家) 서너 채를 배경으로 초가들이 옹기종기 이마를 맞대고 있다. 마을이 분지에 자리 잡은 것처럼 지형이 우묵해 보이는 건 마을 전체를 둘러 싼 산과 소나무와 대나무 숲 탓인 듯하다.
　마을 중심에는 기와집과 초가집의 경계를 이루듯 실개천이 자리 잡고 있다. 봄을 재촉하는 듯 살얼음 밑으로 흐르는 물소리가 돌돌돌 나직하게 새벽의 정적을 흔든다.
　머릿수건을 쓰고 치마허리를 질끈 동인 아낙이 안개를 헤집고 불쑥 솟아나듯 나타난다. 그녀는 북쪽을 향해 두 손을 합장하고 허리를 깊이 숙인다. 안개에 가려 희미하지만 거북산이 마을을 내려다보며 그 자리에 있음을 여인은 안다. 아낙은 평소 습관대로 거북산의 신령에게 식솔의 건강과 재운을 빈다. 아무리 빌어도 가세는 좀체 나아지지 않아 품을 팔아야 하는 고단한 형편이지만 아낙의 염원은 매일 계속된다.

가뭄이 심해 굶기를 밥 먹듯 하던 어느 해 가을, 주위의 소문을 듣고 찾아온 이 마을에서 가장 먼저 눈에 들어온 아름다운 산. 거북 모양을 닮았다 하여 구산이라 불린다 했다. 그래서 마을 이름도 구산 마을이라 했다던가. 이곳에 온 뒤에는 다섯 식구 굶은 적이 없으니 거북산의 음덕이라고 여인은 믿고 있다.

예식을 치르듯 산을 향해 소원을 빈 아낙은 잰걸음으로 기와집을 향한다. 시골 평범한 양반가인 듯한 큰 대문 앞에 이른 아낙은 다시 한번 매무시를 가다듬는다. 슬며시 대문을 밀자 힘없이 열린다. 아낙이 알기로 이 대문은 일 년 열두 달, 밤이고 낮이고 빗장을 지른 적이 없었다. 너른 마당은 조용하고 행랑채 어디선가 남정네의 코 고는 소리가 새벽 공기를 흔든다.

아낙은 행랑채와는 반대인 곳간채로 간다. 곳간채 벽에는 뒤주가 있고 뒤주 하단부에 직사각형의 구멍이 있다. 아낙은 치마폭에 감추듯 들고 오던 바가지를 구멍에 대고 마개를 밀어 올린다. 좌르르 바가지 안으로 쏟아지는 곡물 소리가 새벽 공기를 가르는 경쾌한 새소리와 어우러진다.

김 진사 댁 혹은 큰 대문 집이라 불리는 이 댁이 이렇게 곳간채에 뒤주를 놓아두는 건 누구든지 남의 눈치 안 보고 드나들게 하려는 배려다.

마을 사람들은 곡식이 떨어지면 이곳에 와서 곡물을 받아다 밥을 짓는다. 누가 규칙을 세운 것도 아니건만 마을 사람들은 자기 가족에게 죽이라도 끓여 먹일 정도의 곡물 이상은 욕심내지 않는다.

아낙은 돌아서기 전 아직도 새벽빛에 물들어 있는 안채를 향해 깊이 허리를 꺾는다. 노마님이 생존해 계실 때부터 마을 사람들이 해 오던 습관이다.

몇 해 전 돌아가신 한씨 부인은 덕망 있기로 소문이 난 분이었다. 다만 어린 남매의 양육이 시급하다는 이유로 장남 김성우의 재가를 서두른 게 고인에 대한 예의가 아니라는 뒷소문이 돌았다. 애들 어미가 숨을 거둔 지 채 일 년도 되지 않아서였다. 그 소문도 서너 달이 안 되어 대가의 후한 인심에 묻혀 슬며시 사라졌다.

아낙이 대문을 나서자 떠꺼머리총각이 주춤 발길을 멈춘다.

"쇠돌이구나. 할머니는 어떠시냐?"

"예, 그만하시긴 한데, 거동이 불편하신 할머니 혼자 두고 품팔러 가기가 어려워서요…."

그래서 양식을 가지러 왔다는 말인 듯하다. 돌림병으로 아들과 며느리와 손녀를 한꺼번에 잃은 뒤 손자 쇠돌이와 함께 이 마을을 찾은 노파는 작년에 풍을 맞아 자리보전을 하고 있는 형편이다. 쇠돌이 역시 다리 한쪽이 불편한 상황이다.

"그렇구나. 내 한번 들여다보마."

"예. 살펴 가세요, 아주머니."

쇠돌이가 대문 안으로 사라지는 모습을 지켜보던 아낙은 가늘게 한숨을 쉬고 발걸음을 재촉한다.

땅 아득한 시원
(始原)

먼지인 듯, 눈송이인 듯, 먼 하늘에서 점 한 개가 나풀나풀 내려오고 있었다. 그 점은 점차 커다란 민들레 수과(瘦果) 한 송이로 변하더니 눈앞에서 폭죽처럼 터졌다. 사방으로 흩어지던 빛의 파편은 눈부시게 찬란하고 아름다웠다.

"허, 희한한 꿈이네!"
김성우는 비몽사몽간에 돌아눕는다.
"자다 말고 뭘 그리 중얼거리세요? 길몽이라도 꾸셨어요?"
잠기가 미처 걷히지 않은 아내의 말에 성우가 다시 아내를 향해 돌아누우며 방금 전의 꿈을 설명한다.
평소에는 꿈이 잦은 편이 아니다. 이것저것 농사일에도 관여하고 집안의 대소사를 챙기며 책도 읽다 보면 하루가 짧아 누우면 곧바로 숙면을 하는 편이다. 헌데 근래 들어 알 수 없는 꿈이 잦다. 안개인 듯 메밀밭인 듯 희고 드넓은 들판 저 너머에서 들려오는 부드러운 음율. 언젠가 들어본 듯한 그 친숙한 음율에 귀를 기울이며 걷다 보면 온몸을 감싸는 포근함에 취하는 순간 잠이 깨곤 한다.

그런 꿈을 꾸고 나면 며칠 가슴 저 밑에서 밝은 기운이 피어오르듯 기분이 상쾌했다. 분명 상서로운 꿈인 듯 여겨지지만 장년에 늘어선 지금 상서로운 일이 무에 있을까 싶었다. 가족들 무탈하고 논농사 밭농사 잘되어 이웃과 나눌 수 있으면 그 이상 바랄게 없다는 생각으로 살고 있는 터라 꿈의 의미를 굳이 캐려 들지 않았다.

"성희 처에게 태기가 있으려나?"

시어머니다운 발상이다. 아내의 성급함에 성우가 허허 웃는다.

"어느새? 그럴 리 없지만 행여 새아기에게 그런 눈치는 주지 말아요."

"별 걱정 다 하시네요."

성우는 그예 일어나 머리맡의 장죽을 집어 든다.

"벌써 일어나시게요? 그나저나 보릿고개 넘길 양식이 넉넉해야 할 텐데 걱정이네요."

"그러게 말이오. 지난겨울 가뭄이 그리 심했으니 보리농사도 흉작을 면치 못할 것 같아 나도 걱정하는 참이오…. 난 사랑채로 건너갈 테니 눈 좀 더 붙이구려."

"구들이 다 식었을 텐데요."

"괜찮소. 책을 읽으려면 그만 추위는 오히려 약이라오."

김성우는 장죽을 들고 장지문을 열고 나선다.

어린 남매를 두고 애 어미가 저세상으로 떠난 뒤 미처 일 년도 채우기 전에 재취로 들어온 사람이 지금의 아내다. 돌잡이를 키워야 한다는 어머니의 성화에 하는 수 없이 재취를 얻기는 했지만 처음 얼마 동안은 얼굴도 마주하기를 꺼려했다. 자신의 의지와 상관없이 진행되어 맞게 된 새 각시가 까닭 없이 마땅치 않고 낯설어 사랑채에 머무는 시간이 많았다.

초혼도 부모님의 결정으로 이루어져서 신부가 낯설기는 마찬가지였다. 보기와 달리 병약해 이태 동안 태기가 없어 시부모님 눈치 보며 전전긍긍하는 어린 아내가 안쓰러워 등을 토닥거리는 사이, 봄철의 새싹 돋아나듯 정이 자란 뒤 아이 둘을 생산했으니 성우의 마음에는 첫정이 깊게 자리 잡고 있는 터에 상실감이 미처 가시지도 않은 터였다.

사실은 후처의 얼굴을 마주할 시간도 없었다. 밤이면 제 어미를 찾아 자주 깨서 칭얼거리는 돌잡이를 안고 어르느라 유씨 부인은 부부 방에 들어오지도 못했다. 신기하게도 하루 이틀 낯을 가리던 어린 것이 순하게 통잠을 자기 시작한 뒤에도 유씨 부인은 아이를 곁에서 떼어 놓지 않았다. 늙어 밤잠을 설치면 종일 기운을 못 차린다며 모친도 밤이면 아이를 외면했다. 그녀는 재가를 한 게 아니라 아이의 보모로 들어온 듯 두 아이가 치마꼬리에 매달려 떨어지지 않아도 싫은 내색 없이 안고 어르며 키웠다. 누구보다 모친이 좋아하며 새 며느리를 아꼈다.

그녀의 치마꼬리에 매달리던 녀석들이 어느덧 성인이 되어 딸은 이태 전에, 아들은 작년 가을에 장가를 들였으니 그녀가 김씨 가문에 발을 들여놓은 지 어느덧 이십여 성상이다. 남편도 극진히 섬기니 이래저래 고맙기 그지없는 사람이었다.

성우는 이런저런 생각에 잠겨 안채를 벗어나 사랑채로 들어선다. 그 사이 여명이 벗겨지고 깨끗이 비질한 사랑채 마당이 드러난다.

"서방님 벌써 기침하셨습니까?"

빗자루를 든 채 심 서방이 허리를 굽힌다. 김 진사 댁에 누대로 이어 온 종의 자식으로 성우보다 이 년 먼저 태어나 성우와는 친구처럼 자랐다.

"사랑채에 들겠네. 새벽잠이 없는 걸 보니 나도 이제 늙었나 보이. 허허허."

"곧 애들을 시켜 군불을 넣도록 하겠습니다요. 아침에 구들에 손을 넣어 보니 온기가 남아 있긴 했는데…."

구시렁거리며 심 서방이 행랑채로 나간다.

그는 서탁 앞에 앉아 어젯밤에 읽다 만 매월당 김시습의 문집을 펼친다. 한 쪽을 미처 다 읽기도 전에 간밤의 꿈이 새벽안개 퍼지듯 다시 머릿속을 채운다. 그는 흐트러지는 정신을 모으듯 다시 책에 눈길을 준다.

군자(君子)의 처신은 참으로 어렵다. 이익을 보고 조급하게 나아가서도 안 되고, 위태로움을 알고 물러나서도 안 된다….

그는 점점 책속으로 빠져들었다.

김성우 집안은 고조부가 진사로 녹을 먹고 살다가 이곳으로 낙향했다. 고조부는 낙향한 뒤 일절 정치에 관심을 두지 않았다. 양반이라면 너도 나도 세를 자랑하듯 솟을대문을 세우던 세풍(世風)도 외면했다. 뿐만 아니라 후손들에게도 굳이 벼슬을 하려고 애쓰지 말라고 이르셨다. 농사지을 논밭이 옹색하지 않으니 나락으로 배고픈 이들을 도우며 살라 했다. 곳간채에 뒤주를 내놓은 것도 고조부가 정해 놓았다고 들었다. 그 이후 사 대째 이어 오는 나눔의 방식이다.

대대로 내려오는 가풍으로 김성우도 과거 볼 염은 하지 않았다. 대신 그의 부모는 일찍부터 글 선생을 들여 김성우 삼 형제에게 글을 가르쳤다.

내 밭 몇 마지기
산골짝에 붙어 있네.
콩 심고 잡초 뽑지 않아
풀만 무성하고 콩은 드물다오.
하늘을 우러러 콧노래 부르며
가만히 옛사람들을 생각해 보네.
인생은 즐기는 것.

부귀는 내 몸을 고달프게 할 뿐

내 신세 염려 마라.

잘되고 못 되는 건 저 하늘에 달렸으니

사람들이 비웃고 수군대는 소리

세상과 나는 모순인가 봐.

도연명 시나 화답하다가 때가 되면 죽으리라.

(매월당 김시습의 시)

*

아침상을 물린 뒤 김성우는 심 서방을 앞세워 집을 나선다. 오랜만에 한양 장터를 두루 살펴 볼 심산이다. 세상 돌아가는 형편을 살피자면 저잣거리만 한 곳이 없다.

나룻배에 몸을 싣고 멀어져 가는 마제 고을에 눈길을 준다. 자신이 태어나 중년이 되도록 살고 있는 구산 마을이 아닌 마제. 거기 정하상과 함께했던 그의 유년 시절이 있다. 부친을 따라 마제에 가 또래들과 글공부를 하고 자치기나 팽이를 돌리며 놀던 기억이 어슴푸레 떠오른다.

어릴 적부터 각별하던 벗 하상. 양반 가문의 자제답게 의젓하고 지혜롭던 그는 동갑이면서도 성우에게는 형처럼 여겨지던 벗이다. 일찍이 천주학을 받아들인 정씨 가문의 형제들은 당대의 선각자들이었다. 성우의 부친은 그 형제들 중 특별히 정약종을 존경하여 친분을 두텁게 쌓았다. 하상 가족이 한양으로 이주한 뒤에도 부친은 어린 성우를 데리고 자주 그 댁을 방문한 걸로 기억된다. 신유박해 때 하상의 부친 정약종과 장남 철상이 참수되어 집안이 몰락하기 전까지는 그랬다.

그 이후 성우는 하상을 보지 못했다. 그와 모친 그리고 누이가 대소가의 냉대를 받아 이리저리 거처를 옮기며 어렵게 살고 있다는 소식을 어른들의 수군거림으로 짐작했을 뿐이다. 그래서인지 성우의 모친 역시 행여 하상의 가족들이 예전처럼 구산 마을에 나타날까 저어하듯 보이지 않는 담을 쌓고 지냈다.

의미를 헤아릴 길 없는 꿈이 잦은 건 하상과의 인연이 그리워서인가? 알 수 없는 일이다.

'사람의 마음 안에는 크신 존재만이 채워 줄 수 있는 공백이 있느니라.'

글 선생이 해 준 말이다. 성이 이씨라 했던 글 선생은 자주 알 수 없는 말을 하곤 했다.

'스승님, 크신 존재가 누구신지요?'

성우가 물으면 스승의 얼굴에 어떤 간절함이 스쳤다.

'네가 크면 알게 될까? 그리 될 기회가 네게도 찾아오면 좋겠구나.'

'스승님, 가르쳐 주십시오. 저도 알고 싶습니다.'

'대신 누구에게 함부로 이 말을 해서는 안 되느니라, 알겠느냐?'

'예, 스승님.'

'나라에 임금님이 계시듯 이 세상 만물을 만드신 분도 계시지 않겠느냐? 하늘과 달과 태양, 별과 구름, 산천초목. 이 세상의 모든 걸 만드신 분이 바로 크신 분이란다.'

'그분은 어디 계십니까?'

'그분은 하늘에도 계시고 우리 마음 안에도 계신다.'

그렇게 크신 분이 누군지, 어디 가면 만날 수 있는지 궁금한 게 많았지만 어느 날 아침에 일어나 보니 글 선생은 보이지 않았다. 아무도 글 선생이 언제, 왜 집을 나갔는지 알려 주지 않았다.

그가 천주학을 믿어서 어머니가 내보냈다는 사실은 성년이 되어서야 알았다. 신유박해 이후 어머니는 행여 당신 집안에 어떤 불미스러운 불똥이 튈까 전전긍긍하며 미리 대처했던 것이다.

활기가 넘치는 저잣거리를 기웃대다 보니 가라앉았던 마음에 힘이 솟는다. 명절과 대보름이 지났건만 미적대는 동장군이 호객하는 상인들의 입에 고드름을 맺게 할 판이다. 그럼에도 불구하고 상인들은 발을 구르며 손님을 부른다. 노리개, 옷감, 옹기 등등. 성우는 딱히 필요하지도 않은 난전을 기웃거린다. 노리개와 참빗, 비녀를 파는 가판 앞에 잠시 걸음을 멈추며 안사람에게 비녀 하나쯤 사 주어도 좋지 않을까 싶지만 사내대장부가 처를 위해 무언가를 사 들고 간다는 게 쑥스러워 그대로 지나친다.

"서방님, 저 사람 낯이 익지 않습니까?"

심 서방이 한곳을 눈짓으로 가리킨다. 대나무 살로 엮은 채반이며 소쿠리를 벌여 놓고 곰방대를 빨고 있는 사내. 낯이 익기는 한데 누군지는 선뜻 가려내기 어렵다. 사내의 얼굴은 먼발치에서 보아도 세월의 흐름을 말하듯 주름이 깊고 등마저 굽었다.

"아! 이제 알겠습니다. 정약종 어르신 댁에 있던 머슴이네요. 고 서방… 맞습니다요. 제 아비와 갑장이라고, 만나면 흉허물이 없었지요."

심 서방은 유난히 기억력이 좋다.

"자네 눈이 참 밝으이. 정말 그렇구나. 나와 하상을 번갈아 업어 뜀박질을 하기도 했던 사람이네, 허허허. 내 저기 보이는 주막에 가 있을 터이니, 저 사람을 데리고 오게나. 마침 밥 때도 되었으니…"

주막에 앉아 그들이 오기를 기다리는 동안 성우의 기억은 다시 어린 시절로 돌아간다.

'너희들 이리 와 앉아 보거라. 이 집은 누가 만들었느냐? 옳게 대답하는 자에게 상으로 알사탕을 주마.'

알사탕을 준다는 바람에 팽이를 돌리던 하상과 성우는 사랑채 마루로 뛰어올라 정약종 어른 앞에 무릎을 꿇었다.

'어디 우집이부터 말해 보거라.'

위엄이 서린 얼굴이지만 미소를 잃지 않는 정약종 어른의 풍성한 수염이 아름답다고 느낀 우집은 미처 대답을 하지 못했다.

'우집아, 어른이 묻지 않느냐?'

'아, 네. 이 집은 목수들이 만들었습니다.'

'그럼 이 세상은 누가 만들었을고?'

'네, 이 세상은 크신 분이 만드셨습니다.'

우집은 글 선생에게 들은 대로 대답했다.

'크신 분? 허허허. 그래, 네 말도 맞구나. 그럼 하상아, 너는 우집이 말한 크신 분이 누구라고 여기느냐?'

'네. 그분은 바로 천주님이십니다.'

천주님! 머릿속에서 번갯불이 스치듯 떠오른 천주님. 신유박해 이후에도 나라에서 천주학쟁이들을 잡아들이고 고문하며 참수한다 들었음에도 정약종 어른 집에서 들었던 천주님은 잊고 살았다. 그뿐이랴! 안개 자욱한 저 너머에서 들리던 타령 같기도 하고 자장가 같기도 한 음률. 그 음률은 다름 아닌 유모가 밤마다 들려주던 자장가였음을 떠올린다.

'이렇게 아둔한 사람을 보았나!'

자책하며 성우는 주막을 향해 오고 있는 심 서방과 고 서방을 멀거니 바라본다.

"이리 와 앉게. 자네가 정하상 집에 있던 가솔 맞는가?"

"예 그렇습니다요. 아이구 성우 도련님 아니, 서방님은 정말 몰라보겠습니다요. 어릴 적에도 그리 의젓하시더니…. 우리 도련님도 이렇게 헌헌장부로 변하셨을 텐데…"

그는 그예 눈물을 보인다. 상투를 올린 머리가 하얗고 눈빛도 흐린 걸 보면 육십 고개는 넘었을 성 싶다.

"그래 지금 어찌 지내는가?"

"신유박해 때 집안이 풍비박산되고 저는 진작에 면천이 되었지만 억장이 무너지고 살길이 막막해 떠돌다 겨우 이제 자리를 잡았지요."

"하상 부친께서 변을 당하신 뒤 집안이 쑥대밭이 되었다는 소문은 들었네. 지금 그 댁의 소식은 전혀 알 길이 없는가?"

"그렇지요…. 안다면 얼마나 좋겠습니까만…."

그는 눈길을 돌려 먼 데를 바라본다.

"거참…. 그래도 자네는 장터에서 생활하니 귀동냥이 쉬울 터, 하상이나 그 모친의 소식을 알게 되거든 잊지 말고 알려 주게나. 심 서방이 자주 발걸음 하도록 이르겠네."

"여부가 있겠습니까요."

국밥으로 속을 데운 그들은 단단히 약조하고 헤어진다. 성우와 심 서방의 뒷모습이 사람들 사이로 묻히자 고 서방은 슬며시 주위의 눈치를 살피며 엄지손가락으로 가슴에 십자가를 그린다.

고바오로. 누대로 정씨 가문의 종이던 그는 정약종이 천주학을 받아들인 뒤 자유의 몸이 되었고 머지않아 천주학을 받아들였다. 하늘을 이고 사는 사람은 위아래가 없는 법이라며 종 문서를 돌려주고 제대로 사람대접을 해 주던 분. 그리도 크고 넉넉하던 분이 큰아들 철상과 함께 참수당한 일은 두고두고 억장이 무너지는 일이었다. 치명은 신앙의 꽃이며 천주님을 믿는 이라면 누구나 원하는 일이라는 사실을 그는 오래도록 받아들이지 못했다.

'천주님, 제가 거짓말을 했습니다. 세상이 하도 어수선하니 행여 하상 서방님이나 마님께 누가 될까 두려웠습니다. 용서해 주십시오.'

신유박해 이후 천주학을 믿는 사람은 씨가 말랐다는 입소문에도 불구하고 어떤 빌미만 보여도 오라를 들이밀었다. 그러니 예전 상전의 벗이라 하여 어찌 함부로 입을 놀리겠는가.

그날 밤, 고바오로는 외진 마을의 한 초가로 숨어들 듯이 들어간다. 초가이긴 하지만 제법 대청도 넓고 방도 서너 개 있다. 행랑채라고는 할 수 없지만 부엌과 잇댄 방 두 개가 기역자로 들어앉았다. 주로 교우들이 머물다 가는 방이다.

바오로는 낮에 성우가 다녀간 일을 하상의 모친인 유체칠리아에게 소상히 아뢴다.

"잘했네. 하상이 오면 알아서 하겠지만 우집이 경망스러운 사람은 아닐 걸세."

유체칠라아는 성우의 어린 시절을 잘 아는 터라 하상이 하는 대로 아명인 성우 대신 우집으로 기억하고 있다. 마제와 구산 마을을 오가는 길에도, 한양에 이사를 온 뒤에도 우집의 부친인 영춘 어른은 장남인 우집을 곧잘 데리고 다녔다. 신유박해 이전에는 그랬다. 신유박해로 정씨 가문이 온통 풍비박산이 된 뒤에는 친분이 두텁던 이들도 등을 돌렸다. 오갈 데 없으니 어린 남매 편하게 뉠 자리도 없이 떠돌았다. 그래도 그녀는 어린 남매에게 천주교 교리를 가르치고 남몰래 기도 생활도 꾸준히 가르쳤다. 남편이 남기고 간 저서 주교요지도 틈틈이 읽어 주었다.

이제 겨우 제대로 된 집에서 등 따숩게 살게 된 건 아들 하상의 활약 덕이었다. 교우들의 모금으로 북경을 오가던 끝에 드디어 사제를 모시게 되었다 들었다. 이런저런 사연으로 집을 장만한 뒤 오가는 교우들이 머물다 가기도 하고 주일이면 공소 예절로 첨례를 지킨다. 그러다 보니 드나드는 교우들 발걸음이 잦아 여간 조심스러운 게 아니다. 고 서방, 바오로가 난전에 나 앉게 된 것도 교우들의 연락책이 필요해서였다.

마재에 신앙 공동체를 만든 정약종은 양근으로 살림을 옮겼다. 신앙 공동체의 분원을 만들 계획이었다. 그 후 다시 한양 어느 교인 집으로 이사를 한 이유는 서울 신자들과의 교류를 확대하기 위함이었다. 차츰 목을 죄어 오는 듯한 박해에 위험을 느낀 남편은 궤짝에 주문모 신부가 남기고 간 성물과 서책들을 보관해 안전한 곳으로 옮기다가 발각되어 성물과 함께 체포되었다.

유체칠리아는 위험을 무릅쓰고 주교요지 한글 필사본을 빼돌려 간직했다. 남편이 참수된 뒤 친인척들조차 피하는 외돌토리 신세가 되어 어린 남매를 끌어안고 굶주림을 견디면서도 남편의 책은 속옷에 주머니를 만들어 숨기고 다녔다.

*

구산 마을 넓은 들녘 여기저기에서 보리밟기를 하는 장정들의 구수한 가락이 바람을 타고 번진다.

엄동설한 다 지나고

춘삼월 호시절에

우수 경칩이 되었구나.

동네 농부들 다 모여서

보리밭을 밟아 놓고

맨재도 뿌리고 비료도 뿌려

보리 풍년 들기만 빌어 보세.

그 무렵의 어느 날,

삿갓을 깊이 눌러 쓴 두 사내가 질펀한 들녘을 지나 마을로 접어든다. 마을 입구에 잠시 멈춰 서서 주위를 살핀다. 평민 차림에 각반을 치고 짚신을 신었다. 거기에 등짐까지 져서 상전의 심부름을 나선 노비들 같다.

"여기 교우촌이 들어서면 딱 좋은 지셀세."

"그렇지요? 산에 소나무와 대나무 숲이 울창하니 피신처로도 그만인 듯합니다."

그렇게 알 수 없는 말들을 나누던 그들은 마침내 큰 대문 집, 바로 김성우의 대문을 밀고 들어선다.

심 서방의 전갈로 황급히 대문에 이른 성우는 의아한 낯빛으로 주춤한다.

"우집! 이 사람아 날세. 정하상. 잘 있었는가?"

우집. 하상은 어린 시절부터 성우를 우집이라 불렀다. 다른 이들은 아명인 성우로 부를 때도 하상은 우집! 이렇게 불렀다. 그 호칭을 들으니 성우는 당장 어린 시절로 되돌아간 듯 가슴이 뛴다.

"아니, 이런… 어서 오게."

성우는 달려가 하상의 두 손을 덥석 잡는다. 삿갓을 위로 걷자 낯익은 얼굴이 나타난다. 이십여 성상 흘러간 세월이 하상의 얼굴에도 흔적을 남겼지만 성우는 쉽게 그를 알아본다.

"여기는 역관이신 유진길 사형(詞兄)이오…"

서로 수인사를 나눈 그들은 사랑채에 술상을 두고 마주 앉았다. 상 위에는 산적이며 갖가지 전이 올라 살림의 윤택함을 드러내고 있다.

"마침 어제가 모친 기제사여서 그나마 안주가 옹색하지 않아 다행입니다."

"자당께서 작고하셨군."

"작년에 삼 년 탈상이었네."

"상심이 컸겠구먼. 부친께서는…?"

"두 분 금슬이 남다르시더니 부친께서도 곧 뒤따라가시더군."

"그랬군…. 나도 당해 본 일이지만 부모님께서 생존해 계신다는 건 축복이네."

"자네야 특히 더했겠지. 부친께서 그리 참변을 당하신 뒤 어디 슬퍼할 겨를이나 있었겠는가."

술상과 저녁상을 물린 뒤에도 밤이 이슥하도록 그들은 담소로 시간 가는 줄을 모른다. 식견이 누구에게 뒤떨어지지 않는 성우지만 하상과 유진길이 들려주는 이야기들은 그야말로 경이로움과 감동으로 그의 가슴을 벅차게 한다.

"아니, 어찌 그 어렵고 위험한 행보를 계속하셨습니까?"

사제 영입을 위해 유진길과 정하상이 여러 차례 중국을 다녀왔노라는 말을 듣자 성우는 앞에 앉은 두 사람을 번갈아 보며 묻는다.

"동지사 때 사형께서 역관으로 동행을 자청하셨고 내가 노비로 따라갔지."

그들의 대화는 자연스럽게 신유박해 민란에서 비롯하여 천주교 교리로 이어진다. 머릿속에 책 만권 이상이 들어 있다고 소문이 난 유진길이 대화의 주도를 잡는다. 천지창조 이야기며 나라의 주인은 임금이 아니라 천주님이라는 교리를 설파하는 유진길의 음성에는 열의가 넘쳐 듣는 이의 가슴에 큰 울림을 준다. 그들의 담론은 밤이 지새는 줄 모르고 이어진다.

사흘을 묵은 그들이 돌아가며 여러 권의 책을 주고 갔다. 주로 천주교에 관한 서적들이었다. 그중에는 정하상 부친인 정약종이 저술한 주교요지도 있었다. 성우는 그 서책들을 하나하나 읽고 또 읽었다.

아침상을 물리면 의관을 정제하고 사랑채 서탁에 앉아 시간 가는 줄 모르기 예사였다. 차츰 성우는 눈이 환히 밝아지는 듯했다.

그렇게 김우집, 성우는 민들레 씨앗 하나를 가슴에 품게 되었다.

*

"형님, 지난번에 다녀간 손님들이 천주학을 믿어 집안이 몰락했다면서요? 아주버님께서 말씀해 주시던가요? 그 양반들 집에 들이다가 우리도 화를 당하면 어째요?"

들일 나간 남정네들 새참 준비가 어찌 되었나 둘러보려고 부엌에 들어서는 유씨 부인을 향해 만집의 처가 볼멘소리를 한다. 평소에도 팔랑개비처럼 입이 가벼워 욱하는 성미의 남편과 자주 부딪치건만 세월이 가도 나아지지 않는다. 유씨 부인이 주위를 살피며 만집의 처에게 눈짓을 하건만 개의치 않는다. 부엌에는 찬모인 심 서방 댁네와 잔심부름하는 언년이, 막내 시동생 댁네도 있다. 그뿐인가. 아직 시집 풍습에 익숙하지 않은 새 며느리도 있다.

"어머니 살아 계실 적에도 천주학을 믿는 사람은 일체 상종하지 말라고 말씀하셨지 않아요?"

"동서! 입조심 좀 하게나. 잘은 모르네만 그 양반들 아주 훌륭한 분들이라네. 우리네 여자들이 뭘 알겠나? 남정네들 하시는 일 지켜봐야지."

간밤에 부부 싸움이라도 했는지 만집의 처는 큰동서의 주의를 받고도 여전히 구시렁대며 새참 바구니를 이고 황하니 부엌을 나선다.

실은 유씨 부인도 남편과 함께 천주학을 익히는 중이었다. 정하상과 유진길이 다녀간 며칠 뒤 성우는 부인을 사랑채로 불러 서책들을 보여 주며 함께 읽기를 권했다.

"혼자 읽고 말려니 아쉬워서 당신께 권하는 거요. 싫으면 그만두고."

"아닙니다. 저도 읽는 걸 좋아합니다."

주교요지는 한문이 아닌 한글 필사본이어서 읽는 데엔 부담이 없었다. 부부는 밤마다 요에 배를 깔고 엎드려 밤이 깊어 가는 줄 모르고 책에 빠져들었다. 읽을수록 이치에 닿는 말들뿐이어서 마치 씹을수록 단물이 빠져 나오는 칡뿌리 같았다.

얼마 후 정하상이 다시 구산 마을에 들렀다. 성우는 버선발로 그를 맞으며 마음 저 깊은 곳에서 울리는 종소리를 듣는다.

"어떤가? 서책들을 읽은 감회가?"

"나는 물론이고 내자도 필설로 다할 수 없는 감정으로 책에 흠씬 빠져들었다네."

"그렇다면 책이 아닌 실재에 빠져드는 건 어떻겠나?"

"그게 무슨…"

"실은… 중국에서 사제 한 분이 한양에 와 계시네. 이참에 세례를 받을 의향은 없는가?"

"여부가 있겠나? 그럼 어떻게 해야 하는가?"

정하상은 빙긋이 웃으며 우집의 손을 덥석 잡는다. 정하상 바오로는 마음속으로 천주님께 감사의 기도를 올린다. 모두 천주님께서 인도하시고 주관하시는 일이 아닌가.

그가 구산 마을에 첫발을 들인 건 바로 이 때문이었다. 1월에 유방제 신부를 한양에 모신 뒤 어떻게 하면 많은 신자들에게 고해성사를 받게 하고 새 신자 영입을 할 수 있을까 고심하던 중이었다. 그러자 먼저 떠오른 인물이 김성우였다. 구산 마을은 외진데다 높고 낮은 산이 감싸고 있는 형상이어서 교우촌으로는 안성맞춤인 지형이었다. 정하상은 유진길과 상의해서 함께 김성우를 방문했던 것이다.

"함께 한양에 가세. 가서 세례를 받는 게 좋을 듯하이. 부인도 동행하면 좋을 텐데."

그날 이후 성우는 가족들을 불러 정하상에게 교리를 배우게 했다. 사촌 주집, 동생 만집, 문집, 아들 성희. 막내 동생 문집과 아들 성희는 그가 어려워서인지 아니면 참으로 교리를 믿어서인지 세례를 받기로 약조하게 되었다. 주집은 쓰다 달다 말없이 집으로 돌아갔고 만집은 성질을 부렸다.

"형님! 나 일찍 죽기 싫소. 형님도 괜스레 천주학에 물들어 명 재촉하지 말고 아예 발 들여 놓지 마슈."

며칠 후 김성우 부부는 한양에 가서 중국인 유방제 사제에게 세례를 받았다. 안당(안토니오)과 마리아로 새로 태어난 그들의 얼굴은 빛을 뿜는 듯 환했다.

*

나날이 구름 위를 걷는 듯 환희에 차서 지내던 안토니오와 마리아는 문득 현실을 인식하게 되었다. 천주님을 알고 예수님의 성체를 모시는 기쁨은 자신들만의 것이어서는 안 된다는 사실을. 더 많은 사람들에게 이 기쁨을 전하기 위해 무엇을, 어떻게 해야 하는지 부부는 머리를 맞대고 궁리하는 게 일과가 되었다.

"신부님을 우리 집에 모시면 어떨까 하는 생각을 했소."

"신부님을 우리 집에요?"

"앞으로 교우들이 늘어나면 미사도 드리고 기도도 하면서 천주님을 찬양할 수 있는 집 말이오."

한양이나 시골 교우 집들은 그럴 만한 공간이 있는 집이 드물 테고 박해가 심하니 안심하고 신부님이 기거하기 힘들 터였다. 구산 마을은 배를 타고 들어와야 하는 지리적 조건에 숨을 곳도 많은 게 장점이었다. 부부가 뒤채에 경당을 짓기로 합의한 다음 날 안토니오는 종들을 한자리에 모이게 했다.

"자네들 중 눈치챈 사람도 있겠지만 내 안사람과 나는 천주교인이 되었다네. 천주교에서는 사람이 높낮이가 없다고 가르치지. 그래서 말인데…"

"서방님! 그리 실토하시면 어쩝니까? 우리 중 누가 관아에 고발하면 어쩌시려고…"

심 서방이 농 반 진담 반으로 성우를 일깨운다. 나라에서 엄하게 금하는 일을 하는 분이 어찌 저리 당당하단 말인가. 행여 우리 중 누가 고발이라도 하면 어쩌나. 심 서방은 실제 그런 걱정을 하는 거다.

"허허허 그래도 하는 수 없지. 그러나 나는 자네들을 믿네. 우리가 어디 한두 해 같이 살았는가? 그래서 나는 자네들에게 종문서를 돌려주기로 하였네. 아내와 아들과도 의논한 일이니 그리 알게. 종문서와 함께 밭 몇 마지기씩의 문서도 들었네. 서너 식구 먹고 살기에 옹색하지 않을 걸세."

성우는 문서를 앞앞이 내밀어 준다.

"서방님! 쇤네는 태어나서 지금껏 서방님 그늘에서 살았는데 어디를 가겠습니까? 조실부모한 저희가 짝을 맺고 살도록 해 주신 노마님의 은혜도 잊은 적이 없고요. 저희는 서방님 그늘에 남아 있겠습니다요. 허락해 주십시오."

머리를 조아리며 청하는 이는 심 서방이다. 그의 아내 김말순 역시 대대로 김씨 가문에서 시집가고 장가든 종의 딸이었다. 성우의 모친이 생존해 계실 때 심 서방과 짝을 지어 주어 슬하에 아들 하나를 두고 있었다.

"허락을 하고 말고가 어디 있겠는가. 본인들의 뜻대로 하게나. 다른 이들도 남의 눈치 보지 말고 자신이 원하는 대로, 있고 싶으면 있고 떠나고 싶으면 떠나게. 단 전처럼 우리 집의 종이 아니니 각자 편한 대로 사는 걸세."

그날 이후 십여 명의 종들은 며칠 우왕좌왕하는 눈치더니 떠날 사람은 떠나고 성우 품에 남아 머문 이들은 심 서방 내외와 과부가 된 침모, 노총각 유 서방이었다.

소식을 들은 아우들은 천주교인이 되더니 형님이 별짓을 다 한다며 못마땅해했지만 저희들 재산 축내는 일이 아니어서 곧 잠잠해졌다.

삼복더위에 웬 목수질이냐는 동네 어른들의 걱정에도 아랑곳하지 않고 성우는 대대적인 공사를 벌였다. 재질이 좋은 소나무를 다듬느라 목수들은 구슬땀을 흘렸다. 새참에 점심 저녁까지 장만하느라 덩달아 김씨 집의 아낙들도 바빠졌다.

그 와중에도 김성우는 동네 어르신들을 찾아다니며 입교를 권유했다.

"자네 정녕 이래도 괜찮겠는가? 관아에서 알면 어쩌려고 그러나?"

더러는 그리 걱정을 하는가 하면 아예 외면을 하는 이들도 있었다. 하지만 워낙 많은 덕을 베풀며 살아온 집안이라 대부분 수긍하는 편이었다.

"자네가 좋다면 좋은 거겠지. 어찌하면 되는가? 나이 들고 보니 사후에 대해 생각을 안 할 수가 없더구만."

그렇게 해서 마을 주민 대부분이 세례 받을 준비를 하며 신부를 기다렸다.

*

처서가 지나 여기저기서 풀벌레가 울기 시작할 무렵이다.

방물 바구니를 이고 바랑을 등에 진 노파가 성우의 집 중문을 들어선다. 마침 안채에서 나오던 마리아가 노파를 발견하고 아는 체를 한다.

"어떻게 오셨어요? 아…"

마리아는 뒤늦게 노파가 머리에 인 방물 바구니를 발견한다.

"지금 한창 바쁠 때라서요. 대청에 앉아 잠시 기다리시면 나중에 구경하고 팔아 드리도록 할게요."

"방물이야 팔아 주면 고맙겠지만 팔아 주지 않아도 상관없어요. 나는 정하상 형제님의 전갈을 가지고 김성우 형제님을 만나러 왔습니다."

"아, 그러세요? 제가 결례를 했네요. 잠시만 기다리세요."

뒤채에서 목수들과 함께 일을 하고 있던 성우는 정하상이 사람을 보냈다는 말을 듣자 바람처럼 달려 나왔다.

"어서 오십시오. 제가 김성우 입니다만…"

"네, 저는 김루치아라 합니다."

"그러시군요. 사랑채로 가실까요?"

"이것만 전해 주면 제 할 일 다한 거 같습니다만."

루치아는 방물 바구니 밑에 감추어 온 서찰을 내민다.

"한양에서부터 어려운 걸음 하셨네요. 잠시 쉬시다가 점심 드시고 가십시오."

사랑채 서탁에 앉은 뒤에야 성우는 정하상의 서찰을 정성스럽게 편다. 정하상은 벗이자 천주님을 알게 해 준 고맙고 귀한 존재다. 그와 관련된 일이라면 어느 하나 소홀히 할 수 없다.

'…금년 동지사 일행을 따라 중국에 갈 계획이네. 그 전에 자네와 의논할 일이 있는데 짬을 내어 한양으로 와 주면 고맙겠네…'

'아무렴, 가고말고!'

성우는 서찰을 접으며 혼잣말로 중얼거린다.

안채 마루에는 여인들이 밥상에 둘러 앉아 늦은 점심을 먹고 있다. 그 틈에 끼어 앉은 루치아는 유난히 체수가 작아 보인다. 등이 굽은 탓인지도 모르겠다. 김성우는 뒤채로 향하려던 발걸음을 다시 사랑으로 옮긴다. 뒤채에서는 점심을 마친 일꾼들이 곰방대를 물고 한담을 나누며 쉬고 있을 터. 자신의 조급한 마음으로 그들을 재우치고 싶지 않다.

앞마당에는 만집의 아들 원희와 차희가 제기차기를 하고 있다.

"원희야! 심 서방 어디 있는지 찾아서 내게 오라 이르거라."

"네, 큰 아버지."

원희와 차희가 미처 뛰어나가기도 전에 심 서방이 들어온다.

"서방님 왜 예 나와 계십니까?"

면천을 한 뒤에도 심 서방은 상전에 대한 호칭을 바꾸지 않는다. 서방님이니 마님이니 하지 말라고 하자 심 서방의 대답이 걸작이었다.

"그럼 뭐라 합니까? 아저씨, 아주머니? 서방님이 저보다 두 살 아래시니 아우야, 하고 부릅니까? 저는 못합니다. 그냥 서방님이라 하겠습니다. 내게 서방님은 죽을 때까지 서방님이니까요."

그 말을 들은 성우도 껄껄 웃고 말았다. 허긴 호칭이 뭐가 그리 중요한가.

"내일 날이 밝는 대로 한양에 가세. 곡물 골고루 챙겨 두고."

심 서방은 왜냐고 묻지 않고 돌아선다. 곡물 자루 등에 지고 이 집 저 집 다니며 부려 주는 일이 한두 번이 아니었으니 이번에도 그러려니 하는 거다.

안채 마루에서는 방물 바구니를 둘러싸고 여인들의 눈이 반짝거린다.

"야, 마음에 드는 거 있으면 내가 사 주마. 하나 골라 보거라."

마라아가 며느리에게 말하자 너도 나도 나선다.

"형님, 저도 참빗이 필요한데요."

만집의 처가 벌써 참빗을 들고 있다.

"형님, 저는 이 비녀가 마음에 들어요."

말수 적은 문집의 처도 노리개 하나를 집어 들고 만동서의 눈치를 살핀다. 그러자 심 서방 처도 질세라 동백기름 병을 마리아 앞에 들어 보인다.

"어이구, 알았네. 모두들 마음에 들면 사 줘야지. 일꾼들 밥해 대느라 고생하는데 그런 게 문제겠나."

마리아의 선심에 모두 얼굴에 화색이 돈다. 루치아는 그들 한 사람 한 사람을 바라보며 미소를 짓고 있다. 육십 평생 한 번도 여자로 피어 보지 못한 루치아의 눈에는 젊은 그들이 꽃처럼 예쁘다.

그날 이후 며칠을 묵으며 루치아는 바쁜 일손을 도왔다. 마리아는 루치아가 방물장수로 교우들 집을 다니며 이런저런 소식도 전하고 옥에 갇힌 교우들 뒷바라지도 한다는 사실을 알게 되었다.

*

한양에 도착한 김성우는 하상의 모친을 먼저 찾아간다. 그는 유체칠리아에게 먼저 예를 올린 뒤 심 서방이 지고 온 곡물을 부리게 한다.

"드나드는 손들이 많으니 양식도 헤플 거 같아서 조금 가져왔습니다."

"이런 고마울 데가… 이리 넉넉히 가져다주니 손들 대접하기 좋겠네. 고맙네."

"별 말씀을요, 저의 마을은 밭농사는 넉넉한 편입니다. 장마나 가뭄이 도와주어야 하지만요. 허허허."

"어서 오르게. 하상은 유방제 신부님 계신 곳에 갔으니 곧 올 걸세. 안 그래도 자네가 오면 기다리게 하라더구먼."

하상은 한나절이 기울어서야 왔다.

"이렇게 일찍 올 줄 몰랐네. 반갑네."

하상과 성우는 그새 또 몇 십 년 만에 만나듯 얼싸 안는다.

"조심스러워서 서찰에는 적지 못했지만 세밑에 사제 한 분을 또 모시기로 하였네. 헌데 오시는 분이 서양인이라 풍습이며 언어며 생활 습관 등이 많이 다르지 않겠나. 무엇보다 언어가 문제인데 한문은 좀 아신다니까 자네가 집에 모셔서 도와주면 좋겠다 싶은데… 뭐 내키지 않으면 거절해도 되네만."

"내키지 않다니! 천주님의 나라를 위해 내게 할 일을 만들어 주니 내가 더 고맙네. 그러지 않아도 우리 집 뒤채에 경당을 짓고 있다네. 차차 교우들이 늘어날 거라 예상하고 기도하는 방을 마련하는 거지."

"정말 고맙네. 자네가 이리 깊이 생각하고 있는 줄 미처 몰랐네 그려. 허허허"

"다행히 살림이 옹색하지 않으니 필요하면 한양에도 집 한 채 마련하도록 하겠네. 신부님도 오시고 교우들도 늘어나면 거처할 장소가 있어야 하지 않겠나."

"조선에 미처 들어오시지 못하고 돌아가신 브뤼기에르 주교님께서 돌아가시기 전 200량을 보내시어 진작에 두어 채의 집을 장만하였지. 유방제 신부님이 거처하시는 집도 그중 한 채라네. 자네가 한양에 집을 마련한다면 또 그 나름 요긴하게 사용되겠지. 잘 생각했네…"

하상은 뭔가 깊이 생각하는 눈치더니 다시 입을 연다.

"내가 어머니께서 일러 주신 대로 난생 처음 함경도라는 곳을 가지 않았겠나? 거기서 아버지 친구분이셨던 분을 만났지. 천주학을 믿는다 하여 유배를 살고 계셨지…. 아무튼 거기서 글도 깨우치고 신앙심을 키워 한양으로 돌아와서 제일 먼저 한 일이 교우들을 찾아다니며 모금하는 거였다네. 내 마음속에는 어떻게 하든 신부님을 모시고 와야 천주교가 뿌리를 내리고 번성할 수 있으리란 생각이었지. 교우 집을 일일이 찾아다니며 모금을 할 때 참 어려움이 많았다네. 자네 같은 사람이 그때도 있었다면 내게 큰 힘이 되었을 걸세. 그래도 같은 교우라는 점을 믿고 선뜻 엽전 한 닢이나마 내어 준 분들 덕에 내가 북경을 드나들며 신부님을 모셔 올 수 있었지…"

"어려운 형편에도 한 닢 두 닢 내어 준 분들이야말로 대단한 믿음을 가진 분들이지…. 앞으로 내가 힘을 보탤 일이 있으면 말해 주게. 기쁨으로 알고 돕겠네."

이미 저녁 해가 기울고 있었다. 하상의 모친이 저녁을 먹고 가라 권했지만 성우는 사양하고 서둘러 하상의 거처를 벗어났다. 심 서방과 두 입이 거기서 양식을 축낼 이유가 없었다.

경당이 완성되자 성우는 솔선해서 마룻바닥에 콩기름을 먹이고 마른걸레로 정성껏 닦아 윤을 냈다. 그는 마치 신방을 꾸미는 새신랑처럼 설레는 마음을 가누기 힘들었다. 그뿐인가. 한양에 나가 지필묵을 구하여 신부님과 필담을 나눌 공책도 만들었다.

옹기그릇에 물이 가득 차면 넘치듯, 성우 내외도 마음에 차고 넘치는 기쁨을 누구에게 나누어 줄까 주위를 살피는 격이었다. 성우는 틈만 나면 열심히 기도하면서 동네를 돌았고 마리아는 마리아대로 집안의 여인들, 동서들, 며느리, 심 서방 댁네, 침모 등에게 틈틈이 교리를 전했다.

가을걷이가 끝난 뒤 혼자 한양을 다녀온 성우는 심 서방을 은밀히 불렀다. 교리공부를 착실히 한 심 서방은 진작에 유방제 신부에게 베드로라는 세례명으로 세례를 받은 터였다.

"아무래도 한양에 집을 한 채 마련해야 할 거 같네. 하상 모친 사시는 집 근방이면 더 좋겠지. 유방제 신부님 사시는 곳도 게서 멀지 않으니 서로 연락하기도 수월할 테고. 새 신부님 도착하시면 한양에서 하실 일도 많으실 텐데 곧바로 구산으로 모시는 건 아무래도 무리일 듯해서 하상과 의논을 했다네. 그러니 곡물 매매하러 한양에 가면 넌지시 알아보게."

"예, 알겠습니다."

사랑채를 나온 심 서방은 노총각 유 서방을 불러 자신이 집을 비운 사이에 해야 할 일을 이것저것 이른다. 면천이 되었다고는 하나 태어나 자라고 장가든 이 집은 자신의 고향과도 같았다. 그러니 그간 자신의 몫으로 해 오던 일을 누구에게 떠넘길 마음은 추호도 없다. 성우 내외의 온정은 물론이려니와 노마님 생전에 받은 은공은 자연스럽게 충심으로 변했다.

"또 한양 가시려우? 일전에 수금 다 한 것처럼 말하더니만."

"응, 뭐…. 그나저나 임자는 교리공부 잘하고 있는가?"

"열심히 한다고 하는데 머리가 나빠 그런가 잘 외어지지 않네요."

"임자 머리 안 나빠. 그리 생각하지 말고 자꾸 외우면 돼. 밥 지으면서도 천주경 외우고, 빨래하면서 성모송 외우고 그러면 머리에 안 들어가고 배겨?"

점심상을 마주하고 부부는 다정하게 두런거린다.

"천주님을 알고 나더니 당신 참 많이 변했수. 전에는 툭하면 머리 나쁘다고 구박을 하더니만. 당신 변한 거 보면 내가 기를 쓰고 교리문답을 외우지 않을 수가 없지."

"허허 내가 그랬나?"

"그나저나 신부님은 언제 구산에 오시려나. 나도 빨리 세례 받고 싶은데."

"준비나 잘하고 있어. 곧 오실 날이 있을 테니. 오늘은 한양에서 묵게 될지도 모르니 그리 알게."

"어디서 주무시게?"

"사내대장부가 어디든 누우면 게가 내 잠자리지. 무얼 걱정하는가?"

"얼씨구! 어째 점점 배포만 늘어가는 거 같구려."

"허허허 그런가? 천주님 알고 나니 세상에 두려울 게 하나도 없네 그려."

심 서방이 나간 뒤 심 서방 댁네는 점심상을 치운 뒤 다시 밭으로 향한다. 가을걷이는 끝났지만 빈 밭에 널어놓은 고추를 뒤적이고 미처 거두지 못한 밭두렁의 콩도 마저 털어야 한다. 예전에야 밭일은 남정네들이 하고 자신은 부엌일만 하면 되었지만 밭의 임자가 되고 나니 마음이 다르다. 곡물과 채소가 자라는 밭을 보면 자식 입에 밥 들어가는 모양을 보듯 배가 부르다.

면천이 되고 밭문서를 받던 날 두 부부는 잠을 설쳤다. 김성우 서방님이 너무 고마워 매일매일 무릎 꿇고 절을 해도 모자랄 거 같았다. 주인들의 심성이 워낙 너그러워 종들이라고 홀대 받은 기억은 없었다고 부모에게 전해 들었듯이 심 서방 부부도 그렇게 살았다. 그럼에도 불구하고 막상 땅을 소유하게 되니 내 밭에 떨어진 나락 한 톨도 소중하고 아까웠다.

"임자! 우리 처지는 달라진 게 없어. 종의 신분을 벗어났고 천주님을 알게 되었지만 내 맘속에 서방님과 마님은 여전히 서방님과 마님이야. 임자는 임자 마음이지만 내 맘이랑 다르지 않을 거라 생각하는데… 예전처럼 열심히 일해서 함께 먹고 함께 쓰는 맘으로 살아야 해. 알아듣겠지?"

심 서방 댁네는 남편의 품에서 고개를 끄덕였다. 백 번 옳은 말이었다. 그럼에도 불구하고 자신들의 땅에 가면 흙 한줌도 소중하니 본시 사람의 마음이 이리 사악한 모양이었다. 그래서 천주님께서 아드님 예수를 보내 주신 모양이다. 심 서방 댁네는 마리아에게 받은 교리공부를 낱낱이 외우지는 못해도 이치는 깨우치고 있다. 그게 아니더라도 서방님과 마님이 사는 모습을 보면 저절로 천주님이 계신 걸 알게 되는 것 같다.

*

심 서방이 며칠 애쓴 보람이 있어 느리골에 집을 마련할 수 있었다. 매물이 없어 임시로 빌리는 조건이지만 후원에 방 두 칸이 따로 있어서 신부님을 모시기에는 안성맞춤인 조건이었다. 그날부터 구산의 온 가족이 함께 와서 신부님 맞을 준비를 했다. 쓸고 닦는 건 물론 생활에 필요한 도구를 마련하고 침구도 다시 마련하는 등 남자들은 남자들대로 여인들은 여인들대로 바빴다. 그 와중에 심 서방 댁네는 유방제 신부에게 세례를 받아 말따(마르타)로 거듭나게 되었다.

한 해가 저물어갈 무렵 정하상은 조신철과 함께 신부님을 맞이하기 위해 길을 떠났다. 김성우도 동행하고 싶은 마음 간절했지만 인원이 많으면 위험할 수 있다는 말에 주저앉고 말았다. 대신 새벽이면 유방제 신부 처소로 가서 미사를 드리고 성체를 모시니 그런 기쁨이 다시없었다.

마침내 다음 해 중순 모방 신부가 유방제 신부가 거처하는 집에 도착했다. 집에는 이십 여 명의 교인들이 모여 새로 오시는 신부를 기다리고 있었다. 상제 차림에 삿갓을 쓰고 나타난 신부는 키가 장대 같고 머릿결도 여인네들처럼 구불구불하니 길고 이목구비가 크고 뚜렷하여 서양 사람을 처음 보는 교우들은 숨을 죽인 채 그를 맞았다. 다행히 중국에서 통역이 따라왔고 유방제 신부와는 라틴어로 의사소통을 하는 듯했다.

김성우는 그날의 미사를 잊을 수가 없다. 미사에 사용하는 라틴어는 여전히 귀에 설었지만 미사의 감동은 파도처럼 밀려와 그의 마음 깊은 곳을 울렸다. 세속적인 간청이 부질없게 여겨지는, 이미 마음에 충만하게 차고 넘치는 천주님의 사랑과 감동으로 김성우는 눈물을 줄줄 흘렸다.

머나먼 타국에서 조선의 교우들을 찾아온 사제가 고마운 건 말할 수 없었지만 어떻게 이런 일이 있을 수 있는지, 도대체 천주님께선 어떤 분이시기에 믿을 수 없는 일들을 일으키시는지 놀랍고 신기했다.

허공에서 먼지처럼 나풀나풀 날아온 작은 입자 하나가 민들레 수과(瘦果)로 변해 빛처럼 흩어지던 어느 날의 꿈. 그 아득한 시원으로부터 날아온 씨앗의 신비함이 바로 눈앞에서 펼쳐지는 것이다.

이후 모방 신부는 단 몇 시간의 휴식도 없이 조선에서의 집무를 시작했다. 모방 신부는 신심 깊은 가정의 성실한 소년들, 김대건, 최양업, 최방제를 신학생으로 뽑아 그들에게 라틴어 교육을 시켰다. 유진길은 그들에게 한문과 중국어를 가르쳐 유방제 신부가 귀국할 때 정하상과 함께 소년들을 데리고 떠났다.

비로소 모방 신부는 김성우가 마련한 집으로 옮겼다.

그 첫날, 성우가 신부의 잠자리를 보아 주기 위해 방에 들어가자 신부는 무릎을 꿇은 채 기도하고 있었다.

"신부님, 제가 잠자리를 보아 드리겠습니다."

그가 두툼하게 솜을 넣은 요를 펼치자 신부는 손사래를 치며 다시 접도록 했다. 그날 이후 신부는 장판 바닥 위에서 목침을 베고 잠을 청했다. 잠자는 시간도 길지 못했다. 여기저기서 소문을 듣고 물어물어 신부님을 찾아온 교우들에게 고해성사를 주다 보면 새벽 두 시 세 시가 보통이었다.

세 명의 신학생을 마카오에 데려다주고 돌아온 유진길을 통해 모방 신부가 어째서 편안한 잠자리를 거부했는지 이유를 들을 수 있었다.

"아마도 신부님은 조선에 들어오지 못하고 참담하게 선종하신 브뤼기에르 주교님을 기억하셨을 거요…"

십여 차례나 중국을 드나들며 사제 영입을 간청했지만 성사되지 않자 유진길과 정하상은 교황청에 간곡한 사연의 편지를 보냈다. 신유박해 때 주문모 신부가 순교한 뒤 조선에는 삼십 년 동안이나 사제가 없어 신도들이 목말라하고 있다. 하루속히 사제를 보내 주시되 달랑 한 사람만 보내지 말고 항구한 대책을 세워 달라는 내용이었다.

편지를 받은 교황은 감동으로 눈물을 흘렸지만 어디에 있는지도 모르는 조선에 가겠다고 선뜻 나서는 사제가 없었다. 그때 태국에서 선교하고 있던 브뤼기에르 주교가 자원을 했다.

'저는 이곳에서 영원히 머무를 것처럼 일하면서 곧 떠날 것처럼 준비하고 있겠습니다.'

1831년 9월 9일 마침내 교황청에서는 두 개의 교서를 발표한다. 첫 번째는 중국교구에 속해 있던 조선을 교황대리교구로 독립시킬 것이며 두 번째는 초대 교구장으로 바르톨로메오 브뤼기에르 주교를 임명한다는 것이었다.

곧 떠날 것처럼 준비하고 있겠다고 한 말처럼 브뤼기에르 주교는 며칠 뒤 태국을 떠나는 배에 올랐다. 그러나 해적을 만나 여비를 몽땅 털리고 어디에 붙어 있는지도 모르는 조선을 향해 돌고 돌아 2년여를 헤맸다. 그동안 풍토병과 영양실조로 그의 체중은 떠날 때 체중의 반도 안 되었지만 그는 하느님께서 명하신 당신의 양 떼를 돌보기 위해 걷고 또 걸어 북만주의 펠라구라는 교우촌에 도착했다. 굶주림에 지쳤지만 음식이 입에 맞지 않아 호박 삶은 물을 몇 모금 마신 뒤 잠자리에 들었지만 다음 날 깨어나지 못했다.

"그러니 모방 신부가 어찌 안락한 잠자리에 들 수 있었겠소?"

"그랬군요. 사제들이라고는 하지만 천주님께 순명하는 그 마음이 참으로 눈물겹군요."

뒤를 이어 샤스탕 신부와 앵베르 주교가 조선에 입국한 뒤 조선의 교세는 은밀한 가운데 점점 퍼져 나갔다. 김성우는 구산 공소의 회장 겸 한양의 전교회장으로 임명되어 막중한 책임을 맡게 되었다. 마침내 구산 마을에 모방 신부를 모셔다가 예비 신자들에게 세례를 받게 하니 온 마을은 교우촌이 되었다.

2장 접목

"괜찮겠어요, 아버지?"

저녁 식사를 마친 후 약방에서 황제내경(黃帝內經, 가장 오래된 중국의 의학서)을 읽다 말고 불려 온 성희가 부친을 올려다보며 묻는다. 그의 표정에 의혹이 서린다.

"괜찮지 않으면? 내 집에 온 길손을 그냥 내칠 수는 없는 법이지. 안 그러냐?"

"그거야 그렇지만… 상황이…"

이른 새벽이면 함께 기도하기 위해 교우들이 뒤뜰 경당에 모인다. 낯선 이들은 그런 상황을 이상하게 여길지도 모른다. 성희는 그 점이 조심스러운 거다.

"그러니까 할머니 댁으로 모시라는 거 아니냐? 날 밝기 전에 마장동 어머니에게 데리고 가시라고 넌지시 말씀드리고. 그다음 일은 차차 생각하자꾸나."

어머니라면 그들의 속사정을 귀 여겨 들은 뒤 적절하게 처신할 터였다.

"예. 알겠습니다."

부친의 말을 거역해 본 적이 없으니 아니, 거역하고 싶을 정도로 무리하게 처신한 적이 없는 부친이니 성희는 순종할 수밖에 없다.

행랑채 앞에는 바닥이 낡고 뒤축에 구멍까지 생긴 낡은 짚신 두 켤레가 놓여 있다. 성희는 그 앞에서 인기척을 낸다.

"손님, 밖으로 나오시지요."

성희의 말에 조심스레 방문을 열고 나오는 손들은 뜻밖에도 젊은 남녀다. 흐트러져 어수선하기는 하지만 머리를 땋아 내린 걸 보면 혼전 남녀들로 짐작이 된다.

"저를 따라오시지요. 잠자리를 마련해 드리겠습니다."

"내 집에는 사정이 있어서 그러니 이 젊은이를 따라가시오. 내 아들이외다."

"어르신, 정말 고맙습니다요. 이 은혜 어찌 갚을지요."

젊은이는 맨땅에 넙죽 엎드려 주인어른께 큰절을 올린다. 처자는 젊은이의 눈치를 살피더니 황급히 엉거주춤 엎드린다. 어르신은 절을 받는 대신 허리를 굽혀 젊은이를 잡아 일으킨다.

"어서 일어나시게. 세상 만물이 모두 제 것이 아니거늘 서로 나누는 건 당연지사라네."

젊은이는 일어나서도 고개를 들지 못하고 성희의 뒤를 따라 대문을 나서며 다시 한번 어르신을 향해 깊이 허리를 꺾는다.

김성우 회장은 성희를 따라 나가는 그들을 눈으로 배웅하며 마음에 간절한 소망을 품는다. 조선 땅의 백성들이 귀천 없이 일한 만큼 등 따습고 배부르게 살면서 천주님을 마음껏 찬양할 수 있는 날이 하루속히 오기를.

저녁상을 일찌감치 물린 김 회장은 습관처럼 장죽을 물고 마을을 돌고 있었다. 입동이 머지않은 터라 마을은 이미 짙은 땅거미가 스멀스멀 찾아들고 있었다.

마장에서 건너온 지 달포가량, 추수도 얼추 끝나 이삼 일 후에 다시 마장으로 갈 요량이었다.

텃밭과 두어 채의 초가를 건너 종제(從弟) 주집의 기와집을 거쳐 비스듬한 경사를 내려가면 아들 성희의 약방과 두 아우 만집과 문집의 집이 있다. 그는 육친들의 집을 지나쳐 울도 없이 옹기종기 이마를 맞대거나 어깨를 나란히 한 초가집들을 휘돌았다. 고향 마을에 오면 늘 하는 일과의 끝이었다.

며칠 밥 짓는 기척이 없던 점순네 집에서도 희미한 연기가 솟았다. 김 회장이 사람을 시켜 넌지시 양식을 보낸 터였다. 점순네와 이웃한 쇠돌네를 울 너머로 살피니 호롱불이 가물거리는 방 안에서 어눌한 할머니와 쇠돌이가 두런거리는 소리가 들렸다. 조손 둘만의 단출한 가족이면서도 늘 궁핍을 면치 못하는 쇠돌네가 김 회장은 늘 마음이 쓰였다. 이 마을에 들어온 이듬해 조모가 중풍을 맞아 쇠돌이가 품을 팔러 다니기 어려워진 탓이라 했다. 게다가 쇠돌이 역시 한 쪽 다리가 불편하여 열심히 품을 파는 여느 청년들과는 달랐다. 아들 성희가 쇠돌 할머니에게 부지런히 침을 놓고 뜸을 뜬다지만 그다지 차도가 보이지 않는다 했다.

금년에도 이곳저곳에서 심한 가뭄과 홍수로 굶어 죽는 이가 허다하다는 소문이었다. 집성촌이나 다름없어 오십여 가구가 채 못 되던 마을에 하나둘 타성바지 사람들이 들어와 어느덧 백여 가구 이상으로 불었다. 고민 끝에 뒤주를 없애 버린 지도 한참이었다.

선조들이 지켜 온 풍습을 계속하지 못하는 게 못내 아쉽지만 도리가 없었다. 대신 집안 사람들을 시켜 굶주리는 가호에 잡곡이나마 들여 주도록 이르고 있었다.

 그사이 동저고리 등판이 써늘한 걸 보니 가을도 끝자락에 이른 모양이었다. 막 대문을 들어서려던 그는 대문 곁에 웅크려 앉은 남루한 남녀를 발견하고 다가섰다.

 "뉘시오? 이 마을 사람은 아닌 거 같고."

 그들은 황급히 몸을 일으키며 굽신 허리를 굽혔다. 어슴푸레한 저녁 빛에 드러나는 그들의 행색은 남루하기 짝이 없었다. 오래 길을 헤맨 듯한 몰골이었다.

 "예에, 예가 구산 마을인지요?"

 "그렇소만, 뉘 집을 찾아왔소?"

 "여기 아는 사람은 없습니다요. 그저 소문에 광주 고을 구산 마을에 가면 인심이 후하다기에 일손을 팔아 입에 풀칠이나 할까 하고 찾아왔습니다요."

 "아 그래요? 잘 왔소. 이게 내 집이니 우선 들어갑시다. 저녁 바람이 제법 쌀쌀하네."

 그들을 행랑채에 들인 뒤 저녁상을 내오게 하고 아들 성희를 불러들인 것이다.

 본가를 벗어나 우쭐우쭐 앞서가던 성희가 갑자기 돌아선다. 성희의 널찍한 등판을 보며 따라 걷던 젊은이가 그 서슬에 화들짝 놀라며 걸음을 멈춘다. 어딘지 불안하고 쫓기는 기색이 역력하다.
 "우리 통성명이나 합시다. 나는 김성희라 하오."
 "아, 예에…. 쇤네는 황칠복이라 하옵구요, 이쪽은 내 누이 꽃님이라 하옵니다."
 칠복이가 곁에 바싹 붙어 따라오던 꽃님의 옆구리를 찌르자 그녀는 꼿꼿이 머리를 세운 채 허리만 굽힌다. 굽혔던 허리를 펴며 낯선 남자인 성희의 얼굴을 수줍은 기색도 없이 빤히 바라본다. 내외의 기색도 없는 당돌한 태도다. 어찌 보면 초점 없는 눈길 같다. 비록 먼지투성이로 더럽혀진 얼굴이지만 이목구비가 또렷한 게 과연 이름처럼 곱다.
 성희는 희미한 어둠 속에 드러난 꽃님이의 태도를 얼핏 보며 내심 고개를 갸웃한다. 한의학을 배우고 이제 약방문을 연 지 얼마 되지 않건만 초면이나 구면이나 막론하고 안색을 살피는 게 성희의 버릇이 되어 버렸다. 그런 성희의 눈에 꽃님이의 안색이 심상치 않아 보인다.

어두운 골목길을 돌고 돌아 실개천을 건너자 불빛이 가물거리는 초가 몇 채가 모여 있다. 동네 중심을 구불거리는 실개천을 사이하고 뒤늦게 생겨난 마을을 기존의 마을 사람들은 윗마을이라 했다. 성희는 두 칸 초가 앞으로 가더니 할머니를 부른다.

방물장사를 하며 교우들의 연락책을 맞고 있는 루치아가 마땅한 거처가 없어 동가식서가숙한다는 사실을 알게 된 김 회장이 몇 년 전에 마련해 준 집이다.

"할머니! 할머니!"

지게문 틈으로 희미하고 가는 불빛이 새어 나오건만 안에서는 기척이 없다. 대신 성희의 부름에 답하듯 가까운 듯 먼 데서인 듯 와스스 와스스 쏴아, 바람소리가 들린다. 아마도 대나무 숲이 가까이 있는 모양이다. 성희는 툇마루에 무릎을 짚고 문고리를 흔든다. 그래도 안에서 반응이 없자 지게문의 고리를 잡아당긴다. 그러자 방 안에서 기척이 들린다.

"아니, 도련님이 이 밤에 웬일로?"

루치아는 귀가 어둡다. 그래도 주름진 얼굴에 늘 웃음을 담고 산다. 귀가 어두운 건 사람의 소리 대신 천주님의 말씀을 잘 들으라는 특별한 은총이라며 자신의 불편함을 오히려 감사하게 생각한다.

"손님 모시고 왔어요, 할머니. 안으로 드세요."

성희를 따라 칠복이와 꽃님이가 툇마루로 올라선다. 꽃님이는 선머슴처럼 발을 털어 낡은 짚신 한 짝이 한 걸음쯤 떨어져 엎어진다. 그들 남매가 방 안으로 들어서자 루치아는 의혹의 눈길을 성희에게 보낸다.

"아버지께서 이분들 잠자리를 마련해 드리라고 하시네요. 남매랍니다. 내일 새벽에 마장으로…"

성희의 말이 채 끝나기도 전에 루치아는 알아차린 눈치로 고개를 끄덕인다. 루치아는 아랫목에 펴놓은 이불을 들추며 칠복이 남매에게 손짓을 한다.

"저어, 저의 발이 더러워서요."

삿자리에 무릎을 꿇는 그들에게 루치아가 다시 손짓을 한다.

"상관없어요. 본시 사람의 손발은 더럽혀지게 마련인걸. 정 뭐하면 저 걸레에 쓱쓱 문질러요… 아이고 이 처자는 참 곱게도 생겼네."

사양하는 기색도 없이 아랫목 이불에 두 발을 디미는 꽃님의 손을 잡으며 할머니가 감실감실 눈가에 웃음을 담는다.

"할머니 이건 뭐예요?"

얼마 전까지 할머니가 되작였을 오가리 조각들에 눈길을 주며 성희가 묻는다.

"고구마랑 감자랑 쪄서 말리고 있지. 가을 햇볕이 여간 좋아야 말이지. 늙은이가 하는 일도 없고."

성희는 루치아의 속마음을 알아차린다. 필시 교인들의 옥바라지를 위한 먹거리일 터였다. 옥에 갇힌 이들이 고구마, 감자 오가리를 나누어 씹으며 굶주린 창자를 달래는 비참한 정경이 그의 눈에 그림처럼 환히 떠오른다. 그건 그나마 나은 경우고 태반의 교우들은 비좁은 옥사에서 굶주림과 목마름에 시달리며 매 맞은 상처 때문에 고통스러워한다고 들었다.

"할머니 저 갑니다. 손님들도 편히 쉬세요."

"도련님 밤길 조심해서 내려가요."

"할머니! 설이가 지금 세 살이에요. 애 아범한테 맨날 도련님이라니 듣기 민망하네요."

"호호호, 아무리 그래도 내 눈에는 늘 꽃신랑인 도련님으로 보이는 걸요."

그들이 다정하게 주고받는 대화를 들으며 칠복이도 잠에 취해 고개를 끄덕인다. 꽃님이는 진작에 쓰러져 자고 있었다. 할머니가 윗목에 자리를 펴 주자 칠복이는 체면 불고하고 쓰러진다. 오랜만에 배불리 먹은 데다 제대로 손님 대접을 받은 일들이 마치 꿈을 꾸는 듯한데 칠복이는 정말 꿈속으로 깊숙이 빠져들어 간다.

기골이 장대한 사내가 지게 작대기를 머리 위로 쳐든 채 뒤를 쫓고 있었다. 칠복이는 꽃님이의 손을 잡은 채 도망을 치고 있었다. 아무리 빨리 뛰어도 꽃님이가 매달려 도무지 앞으로 나아갈 수가 없었다. 형상을 알 수 없는 사내를 힐끗 돌아보며 내닫던 칠복이는 무엇에 걸려 앞으로 엎어지며 벌떡 일어났다. 무어라 고함을 지른 듯도 하다.

눈을 슴벅이며 두리번대던 칠복이는 그제야 자신이 악몽 속을 헤매고 있었음을 깨닫고 후유 안도의 숨을 내쉰다. 꽃님이는 아랫목에 쓰러져 정신없이 잠들어 있고 노파는 칠복이의 잠꼬대를 들었는지 말았는지 오가리를 뒤적이며 타령조로 가락을 외고 있었다. 귀가 어두운 탓인지 야밤의 타령치고는 음색이 높다.

어와 세상 벗님네야 이 내 말씀 들어보소

집안에는 어른 있고 나라에는 임금 있네.

내 몸에는 영혼 있고 하늘에는 천주 있네.

부모에게 효도하고 임금에게 충성하네.

삼강오륜 지켜가자 천주공경 으뜸일세.

정확한 내용은 알 수 없었으나 할머니의 가락은 자장가인 양 마음을 편안하게 해 준다. 그는 다시 삿자리에 쓰러진다. 어머니의 부드러운 손길이 가슴을 토닥이듯 악몽의 불쾌한 여운은 사라지고 평화로움이 그를 감싼다.

이른 새벽, 칠복이는 벌떡 일어난다. 쇠죽가마에 불을 지피고 여물을 썰던 습관을 몸이 기억하고 있었다. 어쩌면, 한 달이 넘게 산길을 걸으며 공포와 굶주림에 떨던 기억인지도 모르겠다. 낯선 방 안을 두리번거리다 꽃님이를 발견하고 다가가 어깨를 흔든다.

"꽃님아, 야 꽃님아 일어나."

소스라치게 놀라며 벌떡 일어난 꽃님이 역시 생소한 듯 눈을 껌뻑거리며 두리번거린다. 노파의 모습은 보이지 않는다. 벽 너머에서 달각거리는 소리가 들리는 걸 보면 노파는 부엌에 있는 모양이다.

"오라버니 여가 어디여?"

"어디긴, 여가 구산 마을이여. 어제 배 터지게 밥 묵고 여기 와서 잠든 거 기억 안 나?"

"그럼 이제 우리 도망 안 다녀도 되는겨? 도련님이 잡으러 안 오능겨?"

"그려. 긍깨 싸게 일어나 부엌에 나가 봐. 할머니 벌써 일어나셨나벼."

그들이 주거니 받거니 할 때 방문이 열리며 노파가 밥상을 들이민다.

"일어들 났네."

칠복이는 벌떡 일어나 밥상을 받아들인다. 노파의 모습 뒤로 여명이 꺼풀을 벗으며 드러낸 하늘이 더 없이 깊고 푸르다.

"어여들 한술 떠. 자네들이랑 함께 갈 데가 있어서 서둘렀네."

노파의 말이 끝나기도 전에 꽃님이는 무릎걸음으로 다가가 숟가락을 든다. 참으로 염치없는 행동이다. 밥상에는 보리밥이 고봉으로 담긴 주발과 뚝배기에서 보글보글 끓고 있는 된장에 김치 한 보시기가 놓여 있다.

"그래. 어서 먹어."

노파는 감실거리는 눈으로 꽃님이를 눈여겨본다. 마치 친손녀를 바라보듯 사랑이 가득 담긴 눈길이다. 정신없이 밥을 퍼 넣는 꽃님이와 달리 칠복이는 선뜻 밥상에 달려들지 못한다. 그의 이마에 미심쩍은 불안의 그림자가 내려앉는다.

"자네는 왜 안 먹나? 오라… 혹시 나쁜 데라도 데려갈까 걱정이 돼서 그러나, <u>ㅎㅎㅎ</u>."

"어르신 쇤네는 일손을 팔아…"

"알겠네. 한양에 가면 일손 팔 일이 더 많다네."

"우리가 한양에 가요, 할머니?"

밥 먹기에 정신없던 꽃님이가 한양이란 말에 퍼뜩 고개를 든다.

"그래. 어여 먹자. 새벽에 떠나는 나룻배를 놓치지 말아야 하니까."

상을 물린 뒤 노파는 굽은 등에 행장을, 머리에는 방물 바구니를 이고 나선다. 칠복이가 대신 들겠다고 해도 막무가내다. 그걸 걸머지고 머리에 이어야 발걸음에 균형이 잡힌다는 거였다. 칠복이는 노파의 잰걸음을 수굿이 따라가며 주위를 두리번거린다. 어제의 그 마을은 아슴푸레하게 먼 듯 형체를 드러내지 않고 산기슭을 따라 조붓한 길을 걷는 발길에 자갈이며 나무뿌리가 차인다. 새벽바람에 대나무 숲이 와스스 와스스 비명을 지른다. 한양에 간다면서 이리 일찍 서둘러야 하는 이유가 뭔지 칠복이는 궁금하고 마음에 한 가닥 불안감은 사라지지 않고 있다. 하지만 어제 일을 되짚어 보면 해코지할 사람들로는 보이지 않았다.

어깨를 잔뜩 웅크리고 노파를 따르는 꽃님이의 낡은 무명 치마가 바람결에 이리저리 휘둘린다. 가끔 물색없이 구는 데다 웃음이 헤퍼 오라비의 마음을 졸이게 하는 동생이지만 칠복이에게는 세상에 단 하나뿐인 피붙이였다.

꽃님이는 팔삭둥이로 태어난 데다 주인 도련님에게 젖을 빼앗기고 허기져서 늘 칭얼거렸다. 팔삭둥이 혹은 찡찡이라는 이름 아닌 이름으로 불리는 아기에게 보리밥을 씹어 먹이며 어머니는 당부하곤 했다.

'난 이 아이를 꽃님이라 부를 겨. 비록 종년 몸에서 태어났지만 육색도 희고 이목구비도 을매나 이쁘냐? 칠복이 너도 다른 이들처럼 찡찡이라 부르지 말고 속으로는 매일 꽃님이라 불러. 누가 아남? 노비도 떳떳이 살날이 올지? 그때 우리 꽃님이 믿음직한 남자 만나 살게 되면 이 어미 죽어서도 덩실덩실 춤을 출겨.'

어머니의 말처럼 꽃님이는 자랄수록 눈에 띄게 미색을 갖추었다. 병이 깊어 어머니가 사망한 이후 꽃님이의 젖을 빼앗아 먹고 자란 도련님은 툭하면 동갑인 꽃님이의 머리채를 잡아 흔들거나 봉긋한 젖가슴을 쿡쿡 찌르며 키득거렸다. 첩을 둘이나 거느린 주인 영감의 음험한 눈길도 수시로 꽃님이의 몸을 더듬었다. 그들로부터 꽃님이를 지켜 낼 힘이 없는 칠복이는 늘 조마조마한 심정이었다.

어느 날, 주인마님 심부름으로 읍내에 나가 소금 가마니를 지고 오던 칠복이는 주인 도련님이 꽃님이를 끌고 소나무 숲으로 들어가는 광경을 보게 되었다. 칠복이는 앞뒤 분간할 겨를도 없이 소금 지게를 팽개치고 달려가 꽃님이를 덮치는 도련님의 등판을 지게 작대기로 흠씬 두들겨 팬 뒤 꽃님의 손을 끌고 도망쳤다.

"꽃님아! 상구 도련님이 해코지하려능 거는 이번이 처음이지?"

밤을 도와 고향 마을을 벗어난 뒤 칠복이는 궁금하던 일을 물었다.

"몰러."

"그럼, 그날이 첨이 아니란 말인겨?"

"모른다닝께."

"야 이년아. 니 몸뚱아린데 니가 몰르믄 누가 아능겨?"

칠복이는 속이 터졌지만 닦달해 봤자 모르쇠 하면 그만인 꽃님이의 성미를 아는 터라 입을 닫고 말았다.

어찌 됐든 위험한 굴레에서 벗어나긴 했지만 허기를 달랠 길이 막막했다. 행여 대갓집에서 풀어놓은 손길에 잡힐 새라 산에 숨어 있다가 밤이면 남의 밭에서 추수하다 남은 고구마며 배추 뿌리로 허기를 때웠다. 그렇게 겨우 충청도 땅을 벗어나서 이쯤이면 안심하겠다 싶어 낮에 일손을 구해 보지만 제 한 입 풀칠하기도 수월치 않았다. 꽃님이도 더러 일손을 거드느라 애쓰지만 일에 두서를 몰라 주변 사람이 대뜸 업신여겼다. 더욱이 가뭄으로 흉년이 들어 많은 사람들이 굶어 죽는다는 소문이어서 인심은 더욱 야박했다. 그래도 한뎃잠을 자도 좋은 여름은 견딜 만했지만 대부분 추수가 끝나고 날씨가 서늘해지자 겨울을 날 일이 막막했다. 일손을 찾는 이들도 많지 않았다.

'광주 고을 구산 마을에 가면 인심이 후하다던데…'

밭일을 하다가도 정오가 되면 부부가 남의 눈을 피해 무언가 주거니 받거니 중얼중얼 주문 따위를 외우던 노인이 어느 날 빈 담뱃대를 빨며 중얼거리듯 했다. 칠복이의 딱한 사정을 알아챈 노인이 넌지시 권하는 말로 들렸다.

＊

'한양에는 맨 부처들만 사는개비여.'

마당을 쓸며 칠복이가 마음속으로 중얼거린다.

그가 태어난 뒤 들은 말이라곤 부처 아니면 산신령이어서 그 단어를 선의 대명사처럼 알고 자란 칠복이었다.

도착하는 날, 모두 둘러앉아 점심을 먹은 뒤 어디서 왔느냐는 마님의 물음에 칠복이는 간단히 고향 떠난 이야기를 했다. 모두 혀를 차며 얼마나 고생했느냐고 칠복이 남매를 위로해 주었다. 그 이후 누구도 더 이상 그들의 내막을 캐묻지 않았다. 그들 남매를 데려다준 루치아는 점심상을 물리기 바쁘게 곧바로 떠나고 심 서방 댁네인 말따가 물을 데워 주며 몸을 씻으라 한 뒤 보송보송한 입성을 내주었다. 입성이 날개라고 성한 옷으로 갈아입고 나니 마치 신분이 높아진 듯 자신이 달라 보였다. 꽃님이도 고운 무색옷을 입고 땋은 머리에 댕기를 매니 여염집 규수 같았다.

"요셉아! 칠복이 상투 트는 법 좀 알려 주지."

이십 대 후반으로 보이는 요셉은 익숙한 솜씨로 상투 트는 법을 알려 주며 자신을 형이라 불러도 된다고 했다.

"너도 얼추 스무 살이 돼 가는 거 같은데 사내가 스무 살이 되도록 땋은 머리 늘이고 다니면 놀림 받아. 시골에서는 어떤지 몰라도 한양에선 그래."

"형님은 이 집에서 무슨 일 하세요?"

"뭐 특별하게 하는 일 없어. 구산에서 회장님 오시면 심부름도 하고…. 있다 보면 할 일도 생기고 이것저것 알게 되니 공짜 밥 먹는다고 미안해할 필요 없어."

요셉의 말이 선뜻 이해되지는 않았지만 칠복이는 고개를 끄덕였다. 아무리 그렇더라도 마음 깊은 곳에서 고개 드는 불안은 어쩔 수가 없었다. 구산 마을에 도착하던 날부터 이곳에 머무는 동안 보아 온 사람들 모두 자신들을 해코지할 사람으로는 보이지 않았지만 공밥을 먹은 적이 없는 칠복이는 마음이 편치 않았다.

이틀째 되던 날 칠복이는 더 참지 못하고 안채 마루에 무릎을 꿇었다.

"마님, 쇤네들이 할 일은 무언가요? 저희는 일손을 팔아 목구멍에 풀칠이라도 하려고 구산 마을을 찾았습니요."

유마리아는 마치 오래전부터 알아온 사이처럼 웃으며 말했다.

"칠복아. 앞으로는 나를 마님이라고 부르지 말고 그냥 아주머니라고 불러도 된다. 어머니라고 부르면 더 좋고. 쇤네라는 말도 쓰지 말아라. 칠복이도 꽃님이도 나도 모두 높낮이가 없는 같은 사람이란다."

"그래도 지체 높으신 분을 어찌…"

"차차 알게 되겠지만 우리 집에서는 지체가 높고 낮은 사람이 없어, 칠복아."

마님 아니, 주인아주머니는 인자한 눈으로 칠복이를 쓰다듬듯 상냥하게 말했다. 칠복이는 그야말로 몸 둘 바를 모르고 쩔쩔맸다.

"그리고 할 일은 차차 생각해 보자꾸나. 먹거리와 잠자리를 얻기 위해서는 품을 팔지 않아도 된다는 말이다."

마장동 마님은 생김새하며 말씨가 여간 곱고 조신하지 않았다. 드나드는 여인들도 알 수 없는 향기가 풍기는 듯했다. 여인들은 외딴채에 모여 물레질을 하거나 수를 놓았다. 어느 때는 까르르 웃는 소리가 들리는가 하면 책 읽는 소리에 이어 주거니 받거니 하는 알 수 없는 중얼거림이 들리기도 했다. 적지 않게 드나드는 사람들의 행동거지도 신기했다. 남녀노소 모두 행동거지가 조심스러우면서도 표정은 더없이 밝았다.

칠복이는 스스로 알아서 마당을 쓸거나 물을 길어 나르고 헛간에 쌓인 짚을 가져다 짚신을 만들었다. 모든 게 순조롭고 평화스러워서 옛 어른들께 귀동냥으로 들은 태평성대가 이런 게 아닐까 싶었다.

나흘인가 닷새 후 루치아가 대문 안으로 들어섰다. 행랑채 툇마루에 앉아 짚신을 만들고 있던 칠복이가 반색을 하며 내닫는다.

"할머니! 그간 안녕하셨어요?"

"자네는… 오오, 칠복인가? 건상투를 트니 헌헌장불세 그려."

루치아는 하회탈 같은 눈웃음을 지으며 칠복이의 손을 잡는다. 거칠기가 칠복이나 매한가지인 루치아의 손은 그러나 봄 햇살만큼이나 따듯하다. 뒤미처 성큼 대문 안으로 들어서는 남자. 입성은 남루하지만 눈빛이 예사롭지 않은 그를 향해 칠복이는 공손하게 허리를 굽힌다. 안채로 향한 그들이 유마리아를 만나 반갑게 인사를 나누는 소리를 들으며 칠복이는 다시 하던 일을 잡는다. 칠복이가 나고 자란 대갓집에서는 주인 가족들 얼굴도 바로 쳐다보지 못했는데 여기서는 도무지 위아래가 없다. 대갓집이 찬바람 도는 겨울이라면 이 집은 매일매일이 따스한 봄날이다.

"가롤로 형제님, 언제 한양에 오셨어요?"

사제 영입을 위해 중국을 드나들더니 샤스탕 신부를 모셔 온 뒤 신부님을 모시고 선교를 다니는 현석문이다. 앵베르 주교님께 사목지침서를 받아 오라는 샤스탕 신부의 부탁을 받고 오랜만에 한양에 들렀노라 했다.

현석문 가롤로가 사랑채에 자리를 잡고 앉자 곧바로 쟁반을 받쳐 든 유마리아가 들어와 김이 오르는 찻잔을 밀어 놓는다.

"날씨가 참 차네요. 어느 교우가 칡뿌리를 캐다 주었어요. 벽지에 숨어 굶주리는 교우들을 생각하면 민망한 일이지만 드나드는 분들 대접할 게 마땅치 않아 차를 달였답니다."

세운 무릎에 두 손을 포개 얹고 다소곳이 앉은 유마리아의 모습에는 기품이 서려 있다. 현석문이 훌훌 뜨거운 차를 마시기를 기다렸다가 그녀가 조심스레 입을 연다.

"남녘 공기는 어떤가요?"

"전 같지는 않지만 그래도 여전히 고발하는 사람들이 있어요. 관아에서는 고발당한 사람까지 무턱대고 방면할 수는 없으니까 우리가 조심하는 수밖에 없지요…"

박해의 바람이 뜸한 듯하다가 다시 회오리치는 상황이 전국 어디에서나 계속되고 있었다. 상제들이 쓰는 방갓을 쓰고 얼굴은 감춘다 해도 샤스탕 신부의 체구가 워낙 크다 보니 특히 조심스러웠다. 경계를 늦추지 않으며 외진 곳으로 피해 사는 교우들을 찾아다니다 보면 다리가 퉁퉁 붓기 예사였다. 먹는 거라곤 찐 감자는 진수성찬이고 대부분 풀뿌리 들어간 멀건 죽이어서 신부님 대하기 여간 민망한 게 아니었다.

"이렇게 편히 지내는 것도 참 죄스럽네요."

현석문의 이야기를 듣던 유마리아가 한숨을 폭 내쉰다.

"신부님 부탁을 받고 올라온 김에 집에 들러 하룻밤 묵었습니다. 누님이 형수님께 전하라는 게 있는데 루치아 아주머니 편에 보낼까 하다가 형님도 뵐 겸 걸음 했는데 안 계시나 보네요."

"예, 구산에 계세요. 곧 오실 텐데 가롤로 형제님은 바로 내려가셔야지요?"

"그럼요. 이번 행보에는 못 뵙겠네요. 이거…"

현석문이 품에 넣고 온 서찰을 유마리아에게 전한다.

"누님이 필사한 이루갈다 옥중 서한입니다. 형수님께 가져다드리면 돌려가며 잘 읽으실 거라고."

"세상에 이리 귀한 걸…"

서찰을 받아 드는 마리아의 태도가 참으로 경건하다. 그녀의 얼굴에서는 늘 웃음이 번진다. 보는 사람에 따라서는 웃는 상이라 그렇다고 하겠지만 믿는 이들의 눈에는 마치 성모님의 얼굴을 보는 듯하다. 마리아의 몸에는 겸손과 부드러움이 배어 있다.

"베네딕타 회장님께서는 할 일도 많으실 텐데 언제 이런 필사를 다하셨대요? 서체도 참 고우시네요."

마리아가 서찰을 펴 부드럽게 쓰다듬는다. 한글로 내려 쓴 먹글씨가 마치 살아 숨 쉬는 듯하다.

"그러게요. 어머님께서도 딸이 자는 모습을 보기 힘들다고 하시니까요."

현석문의 누나 현경련은 부친이 신유박해 때 순교하여 어렵게 생활을 하다가 17세에 한글 교리서를 번역한 최창현과 혼인을 했다. 그러나 3년 후 사별하고 친정으로 돌아와 삯바느질로 생계를 유지하며 여신도 공동체의 회장으로 봉사하고 있었다.

"나도 자랄 때부터 누님이 언제 자고 언제 깨는지 몰랐으니까요. 내가 기억하는 누님은 늘 고개를 숙이고 바느질하던 모습이라…"

걱정 반 자랑스러움 반으로 누님 이야기를 하며 너털웃음을 웃는 현석문의 파삭한 얼굴에는 피로한 기색이 역력하다. 어느 누구라 그렇지 않으랴만 현석문의 입성은 남루하기 짝이 없다. 물론 짚신도 날깃날깃 구멍이 뚫리기 직전이다.

"마침 물레질하러 자매님들이 와 있으니 이 귀한 소식 전해야겠어요. 잠시 쉬시다가 저녁 드시고 가세요. 찬이야 늘 변변치 않습니다만."

"어디가요, 곧 일어나야 합니다. 오랜만에 올라오고 보니 할 일이 이것저것 많네요."

현석문이 마루로 나가자 칠복이가 짚신 세 켤레를 들고 서 있다.

"아, 아까 그 젊은이구먼."

현석문이 누구냐고 묻는 대신 마라아를 돌아본다.

"며칠 전에 새 식구가 두 사람이나 늘었답니다. 남매가 우리 가족이 되었어요. 칠복아 인사드리지. 이분은 우리와 아주 가까운 분이란다. 아주 훌륭한 분이셔. 그런데 왜?"

왜 사랑채에 와 서 있느냐는 물음이다.

"예에, 저… 손님 짚신이…. 제가 엮은 게 있어서 드리려고요."

"이런, 이렇게 고마울 데가 있나. 잘 신겠네, 젊은이."

새 짚신을 신고 토방을 두어 번 굴러 보던 현석문은 만면에 웃음을 담는다. 안 그래도 짚신이 낡아 장만하려던 참이었다.

"맞춤하네. 튼튼하게 엮은 걸 보니 젊은이 솜씨가 좋은가 보네."

두 켤레는 행장에 매달고 현석문은 대문을 나섰다.

마라아는 안채로 가서 자매들이 모여 있는 방문을 열며 말한다.

"자매님들, 아주 기쁜 일이 있어요."

물레를 돌리거나 수를 놓던 처자들이 살며시 고개를 든다. 평소 조신한 마리아가 흥분하는 경우는 드문 일이라 모두가 의아한 표정이다.

"한양 여신도 회장인 현경련 자매님의 필사본이에요. 신유박해 때 순교하신 동정녀 이루갈다의 서간문이랍니다."

유마리아가 가슴에 품다시피 들고 온 서찰을 펴 보인다. 모두 감탄하는 눈치다. 그녀는 김효주 아녜스에게 건넨다. 아녜스는 공손하게 서찰을 받아 고운 목소리로 낭독하기 시작한다. 그중에 섞여 앉은 꽃님이도 눈을 껌뻑이며 귀를 기울인다.

홀로 계신 어머니께 머리 숙여 글을 올립니다.

제가 앞으로 어떻게 될지 알 수도 없는 다급한 때를 당해 어머니께 제 심정을 아뢰려 하옵니다. 다 아뢸 수는 없사오나, 제 손으로 몇 자 적어 올려 어머니 곁을 떠나 4년 동안 지내 온 심정을 말씀드리옵니다.

어머니, 비록 제가 죽게 되더라도 너무 마음 상해하시다가 주님께서 정말 특별히 베풀어 주신 은혜로운 분부를 거스르지 마시고, 편안한 마음으로 주님의 뜻을 따르셔요. 다행히 제가 주님께 저버림을 당하지 않는 은혜를 받게 되거든 주님 은혜에 감사드리셔요. 길지도 않은 한평생, 참으로 변변하지 못한 자식이었고 못난 자식이었습니다. 하지만 주님의 특별한 은총으로 순교의 열매를 맺는 날이면, 어머니께서 자랑스러운 자식을 두었다고 여기실 것이고, 저 또한 어머니의 떳떳한 자식이 될 것입니다.

순교는 부족하고 못난 자식을 참되고 보배로운 자식이 되게 하는 것이에요. 어머니, 간절히 바라오니 제발 너무 마음 상하지 마시고 마음 다잡으셔서 슬픔을 억누르셔요. 이 세상을 꿈같이 여기시고 하늘나라를 우리가 돌아가야 할 본고향으로 아셔서 조심조심하여 주님 뜻에 따르셔요. 이 세상 삶을 다 마치시면, 못난 자식이 하늘나라에서 영원한 행복을 누리는 영광을 받아 가이없이 행복한 모습으로 손을 마주잡고 하늘나라로 모셔 들여 함께 영원한 행복을 누리렵니다….

전주로 시집온 뒤로 그전부터 항상 근심하던 일을 이루었어요. 9월에 시댁에 와서 10월에 우리 두 사람은 동정을 지키기로 맹세하고 4년을 오누이처럼 지냈습니다. 그런 중에 육체적인 유혹을 근 십여 차례 받아 하마터면 동정 서약을 깰 뻔했어요. 그때마다 저희는 예수님께서 우리 인간들을 대신하여 십자가에서 겪으신 고통과 피를 흘리신 사랑에 의지하여 무사히 그 유혹을 이겨 내었답니다.

……

신유 구월 스무이렛날 딸이 머리 숙여 글을 올립니다.

읽는 도중 목소리가 떨리고 울음이 복받쳐 숨을 고르기를 몇 번, 아녜스가 읽기를 마치자 여기저기서 훌쩍이는 소리가 들린다.

모방 신부의 권유로 김 회장이 느리골 집에서 마장안 집으로 이사를 한 지 한참이다. 성우의 전교로 구산 마을이 교우촌이 되었듯이 한양에도 교우촌을 만들면 좋겠다는 게 모방 신부의 희망이었다. 성우는 한양 여신도 회장인 현경련 베네딕타와 의견을 나누는 중이었다. 어떤 연유로든 지방에서 올라와 거처할 데가 없는 자매들은 마장안에 묵으며 기도 생활을 한다. 자매들은 솔선해서 물레질을 하거나 수를 놓아 각자 생계를 이어 가고 있었다.

*

"형님, 꽃님이가 아무래도 홑몸이 아닌 거 같아요? 첫날 목욕시키며 보니 유두 색깔도 진하고 아무래도 심상치 않아 눈여겨 봤는데…"

말따가 조심스럽게 말문을 연다.

"그래? 달거리(생리)는 언제 했다던가?"

"그게, 모른대요. 도망 다니느라 놀라서 그랬는지…. 내 짐작에는 틀림이 없는 거 같은데."

잠시 생각하던 유마리아가 이윽고 고개를 든다.

"요셉은 지금 새 신자 교리공부 시키고 있지? 성탄절도 가까운데 교리공부를 빠지게 할 수는 없고, 자네가 애들 데리고 다녀오겠나? 오랜만에 서방님도 만나 볼 겸."

"그러지요."

자세한 내막을 모른 채 꽃님이를 데리고 구산으로 간 칠복이는 성희에게 하늘이 무너지는 듯한 말을 들었다. 꽃님이에게 태맥이 잡힌다는 거였다.

"이 일을 워쩌면 좋대유?"

칠복이는 애원하는 눈길로 성희를 바라보았다. 두 입 건사해 주는 것만도 황송한 일인데 애까지 생긴다면 여간 민망하고 죄스러운 일이 아니었다. 더욱이 아비 없는 자식을, 온전치 못한 꽃님이가 제대로 키울 수나 있을지 참으로 난감한 일이었다.

"어쩌긴 뭘 어째. 생명은 하늘이 주시는 귀한 선물인데 잘 키워야지. 어머니와 말따 아주머니께서 잘 챙겨 주실 걸세. 자네는 너무 걱정하지 말게. 이미 벌어진 일은 받아들이고 최선을 다하는 게 세상 이치라네."

칠복이의 어깨를 툭 치며 성희는 빙그레 웃었다.

"꽃님이가 건강하긴 하지만 그래도 탕약을 한 재 먹이는 게 좋겠다."

"고맙습니다. 형님."

산길로 도망을 치면서도 앉아 숨을 고를 때는 물론 심지어는 걸으면서도 졸고 입에 무얼 넣지 못해 걸근거리는 꽃님이에게 지청구만 주었지 몸에 이상이 있어서 그러리라곤 상상도 못한 일이었다. 알았다 한들 무슨 뾰족한 수가 있었겠는가.

한양으로 돌아온 뒤 칠복이는 다른 손을 빌리지 않고 손수 정성껏 약을 달였다. 부디 이 탕약으로 인해 아기도 순산하고 꽃님이의 정신도 온전하게 돌아왔으면 하는 간절한 바람이었다.

3장 함께 걷는 사람들

김 회장 집 너른 마당은 새벽부터 조심스런 술렁임이 이어진다. 입춘에 장독 깨진다더니 입춘이 지난 지도 보름이 넘었건만 새벽바람이 제법 매섭다. 세 명의 장정들은 각자가 짊어질 물건들을 챙긴다. 보리쌀, 좁쌀, 팥, 주로 곡물이 한 자루씩 행장에 옮겨진다. 구산에는 논농사가 귀한 반면 곡물은 나눠 먹기 충분한 양으로 수확하곤 했는데 작년은 가뭄이 심해 평년의 반타작을 겨우 웃돌았다.

"형님, 다녀오겠습니다."

만집이 앞장서며 김 회장 앞에 꾸벅 절을 한다. 천주교 입교를 권하자 펄쩍 뛰던 동생이다. 일찍 죽기 싫다며, 형님도 괜한 데 빠져서 명 재촉하지 마시고 발 빼라던 첫째 아우 만집이 이제는 스스로 전교도 하고 교우들 돕는 일에도 앞장서서 팔을 걷어 부친다.

"용주골 삼거리 주막에서 다리쉼도 하며 귀동냥도 좀 하고. 거기 아는 체하는 사람이 있을 걸세."

김 회장은 엽전 꾸러미를 심 서방에게 건넨다. 예나 지금이나 심 서방은 여전히 김 회장의 오른팔 역할을 한다. 아우들도 그러려니 여긴다. 세례를 받은 후 베드로라는 세례명을 받았지만 심 서방으로 불리는 호칭도 여전하다. 세례명을 입에 올리기도 조심스러운 세상인 것이다.

"원희 아범! 자네는 아무 데서나 불끈거리는 성미 좀 자제하고."

김 회장은 만집에게 주의를 준다. 막내 문집은 성품이 과묵한 데 비해 만집은 참을성이 적어 주변과 마찰을 일으키는 경우가 종종 있음을 염려하는 말이다.

"예, 형님."

만집은 공손하게 답한다. 여섯 살 터울인 막내 문집은 물론 세 살 터울인 만집도 형을 어렵게 여긴다.

심 서방과 만집 주집은 각자 솥이며 건어물이 담긴 자루 등 잡

다한 물건들을 지게에 졌다. 패랭이를 쓰고 각반을 친 그들은 영락없는 보부상들이다. 그들 모두가 김 회장에게 인사를 하고 떠나자 비로소 고요와 함께 여명이 드러난다.

"칠복아, 들어가자."

길 떠나는 이들의 일손을 거들던 칠복이는 예에, 힘찬 대답과 함께 앞장서서 뒤채로 향한다.

"사람이 무엇을 위하여 세상에 났느뇨?…"

김 회장이 한발 앞서가며 묻자 칠복이 씩씩하게 대답한다.

"예. '사람이 천주를 알아 공경하고 자기 영혼을 구하기 위하여 세상에 났느니라.'입니다."

"입니다는 빼고. 천주교는 무엇이뇨?"

"천주교는 천주 친히 세우신 참종교니라, 입니, 아참…"

칠복이는 '입니다'를 입에 올리다 말고 머리를 긁적인다. 그런 칠복이를 돌아보는 김 회장의 입가에 미소가 번진다.

칠복이와 꽃님이가 구산 마을로 들어온 지 수개월, 김 회장네 가족과 집안의 식솔들은 칠복이 남매를 한 가족으로 귀하게 대해 주지만, 살아온 신분은 어쩔 수 없는지 칠복이는 예전의 말투를 쉽게 버리지 못한다.

"기도문도 모두 잘 외우고 있느냐?"

"물론입니다요. 한 번 외어 볼까요?"

"어디 들어 보자."

"하늘에 계신 우리 아비신 자여, 네 이름의 거룩하심이 나타나며…"

칠복이는 천주경(주님의 기도)에서 종도신경(사도신경)까지 막힘없이 술술 외운다.

뒤채 너른 뜰을 지나 소나무 숲으로 들어서자 아담한 집 한 채가 드러난다. 김 회장이 세례를 받던 그해, 삼복더위에도 불구하고 손수 목수들과 함께 지은 경당이다. 그 경당이 공소가 되어 사제가 오면 머물기도 하고 평소에는 교우들이 모여 기도를 한다.

경당 주변을 쓸고 닦는 일은 칠복이가 도맡아 하고 있다. 그뿐 아니라 마장에서든 구산에서든 집안 구석구석 살펴 힘들고 궂은 일은 알아서 척척 하니 집사를 자칭하던 심 서방은 자신의 일손이 줄어 기도할 시간이 많아졌다며 좋아한다.

칠복이는 김 회장 댁에 와서 옛 어른들의 말처럼 머리카락으로 짚신을 만들어 바쳐도 모자랄 은덕을 입었다. 그런 생각을 하면 한시도 가만히 있을 수가 없었다. 몸으로 하는 일이라면 무엇이든 가리지 않았다.

깨끗이 닦고 문지른 마루에서는 은은한 소나무 향이 배어 있는 듯 실내는 신비로운 냄새와 경건함이 안개처럼 서려 있다. 김 회장은 찬 마룻바닥에 무릎을 꿇고 앉아 침묵 기도를 시작한다. 칠복이는 서탁에서 십자고상을 조심스럽게 꺼내 정면 벽에 건다. 아침 기도에 신자들이 모일 때면 내걸리는 십자고상은 낮이면 내려서 서탁 아래 비밀 서랍 안에 모신다. 만약의 불행을 대비해서다. 구산 마을 사람들은 대부분이 교우지만 타지 사람들이 들어와 살게 된 후 누가 밀고자가 될지 알 수 없어 조심을 하는 거라고 했다.

자박자박 조심스러운 발자국 소리가 들리더니 남녀 교우들이 들어와 십자가를 바라보며 무릎을 꿇는다. 여인들은 곱게 다듬이질 한 미사포를 쓰고 깊이 고개를 숙인다. 여인들은 투박한 광목을 마치 전문 마전장이처럼 햇볕에 바래고 다듬어 깨끗한 미사포를 만드는 데 정성을 다한다. 이마 부분에 끈을 달아 머리 뒤로 묶고 미사포를 뒤로 넘기면 마치 머릿수건을 쓴 성모님처럼 아름답다. 얼추 모일 사람이 다 모인 듯하자 김 회장이 장궤(무릎을 꿇는 일)를 하고 우렁우렁한 목소리로 기도를 시작한다.

"성부와 성자와 성신의 이름으로 인하여 기도하나이다. 아멘."

모든 이가 낮은 목소리로 아멘을 합송하자 칠복이는 조심스럽게 문을 밀고 나선다. 그는 경당 둘레는 물론 대문 밖의 주변을 주의 깊게 살핀 뒤 대문에 빗장을 지른다. 안채와 사랑채 사이의 중문도 닫아건 뒤 다시 경당으로 돌아와 안으로 들어가는 대신 밖에서 흙바닥에 무릎을 꿇는다. 안에서 들리는 기도문에 귀를 기울이다 보니 예외 없이 눈물이 흐른다. 특별한 일이 없을 때면 성희의 약방에 가서 잔심부름을 하며 교리를 배우기 시작한 뒤 시도 때도 없이 흐르는 눈물이다. 딱히 슬프다는 생각도 없는데 말이다. 슬프다니! 거지나 다름없이 전전할 자신들을 거두어 준 것도 고마운데 자기가 귀한 존재임을 알게 해 준 김 회장 부부와 가족을 생각하면 감사함에 눈물이 절로 나온다. 이런 좋은 세상을 살아 보지도 못하고 산에 나무하러 갔다가 지게와 함께 굴러 그길로 사망한 아버지와 탕약 한 첩 먹어 보지 못한 채 몹쓸 병에 시달리다 하늘로 가 버린 어머니, 아비 없는 자식을 가진 꽃님이에 생각이 미치면 측은함에 가슴이 아리기도 했다.

*

 만집 일행은 나루터와는 반대 방향인 북쪽으로 길에 접어든다. 이른 새벽인 탓에 오가는 행인도 없다. 누가 먼저랄 것도 없이 천주경(주님의 기도)을 외우기 시작한다. 두런두런 주거니 받거니 하는 기도 소리가 청정한 공기 속으로 멀리멀리 퍼져 나간다.

 뒤꼭지를 따라오던 해가 정수리에 올라올 때쯤 그들은 먼발치 삼거리에 허름한 주막을 발견한다. 한나절을 걸은 터라 배도 출출하고 목도 컬컬하던 참이었다. 주막에는 서너 명의 농부 차림의 사내와 보퉁이 하나 달랑 올려놓은 지게를 세워 놓은 채 탁주 한 사발을 앞에 놓고 앉아 있는 사내가 보인다. 그리고 포졸 둘. 포졸을 발견한 만집이 주춤하며 심 서방에게 눈짓을 한다. 심 서방도 잠깐 망설이는 눈치더니 이내 고개를 끄덕인다. 주막을 그대로 지나치면 오히려 의심을 살지도 모를 일인 것이다.

 "아이고 되다. 우리도 좀 쉬었다 가세. 주모 여기 국밥 한 그릇씩 주시우."

 그들은 어깨 짐을 내리고 자리를 잡는다. 그들을 눈여겨보던 포졸이 먹잇감을 발견한 짐승처럼 눈빛을 빛내며 묻는다.

"어디서 오는 객들이오?"

"한양에서 오는 길이오. 한강을 건너 마재에서 하룻밤 자고 내처 걸었는데 여기구려."

"어느 상단이오?"

팔자 눈썹에 턱이 뾰족한 포졸이 미심쩍은 눈길로 그들을 더듬는다. 또 한 포졸은 얼굴이 가오리 형에 수더분한 인상이다. 마침 늙수그레한 주모가 국밥과 김치보시기를 탁자에 놓아 준다. 심 서방은 포졸이 묻는 말을 들었는지 말았는지 국사발 먼저 앞으로 끌어당긴다.

"어느 상단이냐고 물었소."

"아이고, 우리네 같이 가진 게 없는 신세가 어찌 이름 있는 상단에 끼겠습니까요? 그저 목구멍에 풀칠이나 하려고 농사지은 것들 조금씩 지고 나왔지요."

"농사지은 것들 어디 구경이나 좀 합시다."

"포졸 나으리. 우선 목구멍 먼저 축이고 봅시다. 굶은 채 첫새벽부터 걸었더니 허기가 말이 아닙니다요."

엉너리 치는 심 서방을 돕듯이 끈질기게 물고 늘어지는 팔자 눈썹을 가오리가 만류한다.

"이 사람아, 어서 일어나세. 이 근방에는 천주학쟁이들이 없나 보네."

"누가 아나? 바로 우리 눈앞에 있을지."

"아따 작작 좀 하고 어여 볼 일이나 보더라고. 천주학에 물든 자들이면 포졸 앞에 버젓이 앉아 밥 묵겠능가? 포졸이 새벽 댓바람부터 와서 죽치고 앉아 있으믄 죄 안 지은 놈도 외면하고 가겠네. 남의 장사 망쳐 묵지 말고 싸게 가야!"

주모가 파리 쫓듯 손을 휘저으며 포졸을 나무란다. 보통 사이가 아닌 모양으로 주모의 나무람에도 팔자 눈썹은 끄떡도 하지 않는다. 심 서방 일행은 그들의 실랑이에 관심이 없다는 듯 국밥을 먹으며 시답잖은 말을 주고받는다.

"형님 이번 행보에 성공을 하면 우리도 버젓한 상단에 고개 디밀어 봅시다. 상단에서 주는 물건이라야 판매도 잘되는 거 같더만요."

"말 들으니 웬만한 상단에는 맨 입으로 들어갈 수도 없다는데…"

"마누라가 발등이 붓도록 베틀에 앉은 보람이 있어야 할 텐데 걱정이오."

주모의 다그침 탓인지 아님 심 서방 일행의 시답잖은 화제 때문인지 포졸들은 일어나 갈 채비를 한다. 팔자 눈썹은 그예 시비를 걸자는 속셈인지 심 서방 일행 곁을 지나며 만집의 등짐을 포졸 방망이로 쿡쿡 찌른다.

"아니, 왜 남의 등짐을 찌르고 그래요? 재수 없게…."

만집이 큰 눈을 부라리며 불끈한다. 주집이 탁자 밑으로 만집에게 발길질을 한다. 시비 붙지 말라는 뜻이다.

"많이들 팔고 가시우."

가오리가 심 서방 일행에게 덕담을 하고 지나간다. 포졸들이 저만치 등을 보이며 가물가물 사라지자 탁자를 치우며 주모의 푸념이 시작된다. 코머리(얹은머리)를 흔드는 품이 포졸들에게 어지간히 시달리는 눈치다.

"천주학쟁이를 잡을 게 아니라 힘없는 백성 피 뽑아 묵는 저 놈들을 잡아 처넣어야 한다닝께. 에이 징한 넘의 시상. 저것들이 왜 눈깔이 시퍼래가지고 애먼 사람들 잡는지 아슈? 천주학쟁이를 잡으면 그 집안 거덜 내는 놈들이 저 놈들이여. 그래서 인물 반반한 여자들도 넘보고…."

주모의 사설은 끝이 없을 거 같다.

"요 앞서 저 산 너머 화전민 마을에서도 한바탕 소동이 났다드만. 누가 고발을 했는지 천주학을 믿는 서너 집만 꼭꼭 짚어 남정네들을 모두 끌고 갔다네 그려. 다행히 아낙네들은 풀뿌리라도 캔다며 산에 갔다가 요행 화는 면했다지만 이 춘궁기를 어찌 넘길지 원."

"자네는 어찌 그리 산 너머 사정을 소상히 꿰고 있는가? 설마 자네도 천주학쟁이…"

그의 말이 채 끝나기도 전에 말을 꺼낸 이가 버럭 역정을 낸다.

"이 사람아! 누구 패가망신 시킬 일 있나? 어디 함부로 말을 하나?"

"아따 주모가 사설을 하기에 해 본 소린데 뭘 역정을 내고 그러나? 그나저나 천주학이 머간디 산목숨 내놓으며 한사코 붙들고 있능가 몰러."

그때까지 잠자코 곰방대만 빨고 있던 농부가 입을 연다.

"대왕대비마마가 수렴청정 거둔 뒤 잠잠해지나 했는데 그 피바람은 언제나 잦아들려는지, 원…"

직수긋하게 국밥을 먹는 척하며 주위를 살피던 심 서방의 눈빛이 빛난다. 부엌방에서 나오는 루치아를 발견한 것이다. 김 회장이 말한 아는 사람이란 루치아?

"할멈 여기는 웬일이우?"

"방물장수가 어딘들 못 가나? 그렇게 말하는 댁네는 어떻게 한양서 예까지 오셨수?"

"할멈이야말로 동에 번쩍 서에 번쩍 홍길동이 살아 있으면 서럽다 하겠소. 며칠 전 우리 마을에서도 본 것 같으니 말이오."

"그랬던가…. 주모, 국밥 잘 먹고 가우."

"할멈, 다음번에는 내가 부탁한 물건 꼭 가져 오시우."

"참빗하고 수염 빗이라 했던가?"

"저거 봐, 저거 봐. 또 잊었구려. 우리네 상민들이 수염 빗이 당키나 하다요? 때깔 좋은 댕기 가져오라니까."

"흐흐흐, 자네도 내 나이 돼 봐."

흐흐흐…. 루치아의 익숙한 웃음소리에 심 서방 일행 입가에 슬며시 미소가 번진다. 따로 입을 맞춘 적도 없건만 손발이 척척 맞는다. 필시 방 안에서 심 서방이 포졸과 나누는 말을 들었을 터. 귀 어두운 양반이 잘도 알아들었네. 심 서방의 속뜻과 같았는지 주집도 빙그레 웃으며 말을 받는다.

"루치아 아주머니 눈치 하나는 참 빠르셔."

"어디 눈치뿐인가? 저 몸으로 팔도강산 다 누비면서도 앓아누운 적이 없으니 건강도 타고났지."

만집도 한마디 거든다. 노파가 행장을 지고 마을 쪽으로 걸어가는 모습을 지켜보던 심 서방이 소리친다. 서로의 의중을 알아챈 것이다.

"주모! 여기도 탁주 한 사발씩 돌리시우. 그리고 예 가까운데 옹기 마을이 있소?"

주모가 양손에 쥐고 온 탁주 항아리와 술잔을 내려놓으며 대꾸한다.

"탁주 넉넉하게 담았수. 포졸에게 쓸데 없이 당한 값이오."

"우리야 죄지은 게 없으니 겁날 게 뭐 있겠수?"

"워디 죄지은 사람만 닦달을 당하는감. 헌디 옹기 마을은 왜 찾소?"

"마포 나루에 가면 새우젓 독이 잘 팔린다기에 이참에 곡물과 바꾸어 오려고 그럽니다."

주모가 알았다는 눈짓을 하더니 빈 지게를 앞에 놓고 앉은 사내에게 소리친다.

"저그 손님! 손님도 옹기 마을 찾는다고 하지 않았소? 이 손님과 함께 가면 쓰겠네."

"고맙수, 주모. 넉넉한 주모의 인심 잊지 않겠소."

"형님 여기서 날 새겠네요. 하여튼 형님은 술 좋아하는 게 탈이라니까요."

주집이 슬쩍 판잔 아닌 판잔을 주며 술 항아리를 당겨 심 서방 앞에 술을 친다.

"어 시원하다! 남은 길, 술 힘을 빌어야 또 재게 갈 수 있지. 자네들도 어서 한 잔씩 하게."

심 서방이 주위 사람 들으라는 듯 호기롭게 말한다. 그들의 술 항아리가 빌 즈음 빈 지게가 자리를 뜨며 아는 체를 한다.

"나도 초행이긴 하지만 들은 게 있으니 함께 가십시다."

옹기장수가 자리를 뜨자 짬을 두어 심 서방 일행도 행장을 챙긴다. 앞서거니 뒤서거니 거리를 두고 걷던 옹기장수와 함께 말을 트기 시작한 건 인적이 뜸한 산길로 접어든 뒤였다.

"김 회장님께서 보내신 분들이지요?"

"예에, 저는 심베드로입니다. 이쪽은 회장님 형제분들이고요."

"저도 베드로입니다, 박베드로. 용막골 공소 회장을 맡고 있지요. 반갑습니다."

그들이 수인사를 나눈 뒤 누구랄 것도 없이 짐을 내린다. 키

작은 상수리와 어린 소나무가 마른 잎을 매단 채 비께 서 있는 둔덕에 잔뿌리가 드러난 걸 보자니 어느 해 여름 홍수에 흙이 쓸려 나간 모양새다. 잠시 다리쉼을 하기엔 안성맞춤인 듯하다.

"루치아 아주머니 참 대단하십니다. 며칠 전 용막골에 오셨더라고요. 젊은이들도 헉헉대는 산길을. 교우들이 옹색하게 사는 모습을 보시더니 구산 공소 김 회장님께서 곧 사람을 보내실 거라 하시더군요. 그날이 언제려나 기다리고 있었는데 어제 주막에서 사람을 보냈더라고요."

박베드로의 뒤를 이어 심 서방도 루치아에 대한 덕담을 늘어놓는다. 그렇게, 각기 바위나 풀섶에 앉아 다리쉼을 한 뒤 곰방대를 털고 일어날 즈음이었다. 어디선가 조심스럽게 마른 잎들을 밟는 소리가 나는 듯싶더니 정체 모를 소리가 점점 그들을 향해 다가온다. 그들은 누구랄 것도 없이 바짝 긴장하여 서로의 눈치를 살핀다. 심 서방 일행을 맞으러 나온 박베드로도 낯빛이 변한다. 오가는 행인이 드문 길이었다. 길이라기보다 산을 오르내리는 사람들의 발길에 만들어진 샛길이라 해야 맞았다. 이런 험한 길에서 들리는 발자국 소리는 누구라도 긴장할 법한 일이다.

설마 도적?

긴장한 일행은 각자의 행장을 챙겨 일어나며 지게 작대기를 들거나 근처의 돌을 집어 든다. 그때 조심스럽게 그들 앞에 모습을 드러낸 여인. 남루한 행색의 여인 등에는 젖먹이 어린아이가 매달려 있다. 여인 또한 화들짝 놀라 주저앉는다는 게 흙바닥에 주르륵 미끄러져 내린다. 만집이 재빠른 동작으로 여인의 팔을 붙들어 앉힌다. 그 서슬에 잠에서 깬 듯 아이가 우는데 얼마나 지쳤는지 우는 소리에 힘이 없다.

"도적인가 하고 놀랐구려. 아기 업은 도적은 없을 터, 잠깐 쉬었다 가시지요. 어디서 오는 길이오?"

"저어… 염치없지만 물이 있으면 한 모금만… 아이가 배가 고파서…"

　사정하는 여인의 눈에서는 금방 눈물이 후드득 떨어질 것만 같다. 심 서방이 자라병을 들어 흔들어 보더니 여인에게 건넨다. 여인이 뒤에 매달려 있던 아이를 돌려 안아 병 주둥이를 대 주자 아이가 물을 허겁지겁 받아 마신다. 조마조마한 표정으로 지켜보는 심 서방 일행의 염려대로 아이는 사레가 들려 캑캑거리며 울지도 못한다. 여인이 아이를 곧추 안아 등을 토닥이자 곧 진정이 된다. 그 서슬에 아이가 꼭 쥐고 있던 주먹을 펴자 접혀 있던 종이쪽지가 땅에 떨어진다. 그걸 주어 아이에게 돌려주려던 심 서방이 눈을 크게 뜬다. 모서리가 닳아 날깃날깃한 첨례표였다. 자라병을 들어 서너 모금 물을 마시던 여인이 화들짝 놀라 심 서방의 손에서 그것을 빼앗는다.

"괜찮습니다, 자매님. 저희도 천주교 교우들입니다. 이거 정말 반갑네요."

그제야 여인의 얼굴은 안도와 기쁨으로 화색이 돈다. 만집 주집 용막골 공소 회장도 첨례표를 돌려 본다.

"이리 반가운 일이 또 있을까요? 성신의 도우심인 것 같습니다."

용막골 공소 회장이 감탄을 한다. 첨례표가 축축한 걸 보니 배고픈 아이가 허기짐을 달래려고 빨았던 모양이다. 여인은 돌려받은 첨례표를 받아 구겨진 종이를 손으로 조심스레 펴며 굵은 눈물을 뚝뚝 떨군다.

"죄송합니다. 제가 목에 걸고 다녔는데 아이가 보채며 목줄을 당긴 모양이네요. 천주님께 죄를 지었습니다."

"그건 죄가 아닙니다. 우리가 기억하기 좋으라고 만든 종이일 뿐입니다. 염려하지 마십시오."

주집이 자신의 행장에 매달고 오던 삼베 주머니를 끌러 여인에게 건넨다. 새벽에 집을 나서는 주집에게 아내가 들려 준 먹거리였다. 고작 감자 너덧 개 삶은 거지만 배고플 때 먹으라는 아내의 배려였다.

"아이가 배고파 보이는데 이거라도 주시지요."

여인도 몹시 허기가 진 모습이었지만 먼저 한 입을 베어 아이에게 먹인다. 아이가 허겁지겁 입을 벌린다. 그 모습을 내려다보는 여인의 눈에서 또다시 굵은 눈물이 방울져 떨어진다.

"혹시 화전 마을에서?…"

만집이 주막에서 귀동냥으로 들은 말을 기억에 떠올리며 묻는다.

"네에… 저는 로사라고 합니다."

개성 가까운 산 중턱에서 화전을 일구며 살던 마을에 느닷없이 포졸이 들이닥친 건 이틀 전이었다고 한다. 누가 밀고를 했는지 천주학을 믿는 집만 꼭꼭 집어 남정네들을 끌어내 포승줄로 엮었다. 다행인지 불행인지 서너 명의 아낙들은 젖먹이들을 업고 칡뿌리나 캐자며 산에 간 터라 무사했다. 산어귀를 지키고 있던 마을 노인이 손사래를 치며 신호를 보내서 아낙들은 집으로 가는 대신 허겁지겁 뿔뿔이 흩어져 도망을 쳤다. 자신도 아이가 없다면 기꺼이 남편을 따라갔겠지만 돌을 바라보는 아이가 마음에 걸려 차마 떨어지지 않는 발길을 돌려 방향도 없이 산길을 넘어왔다는 거였다. 그간 여인이 견디었을 두려움과 목마름, 허기짐이 짐작되어 사내들의 가슴도 먹먹해진다.

"얼마나 고생하셨습니까? 잘 오셨습니다. 우리와 함께 가십시다. 모두 반갑게 받아 줄 겁니다."

용막 공소 회장이 여인을 안심시킨다. 함께 간다고 넉넉할 리 없는 마을이지만 이미 교우들은 나눔에 익숙한 터여서 걱정할 일이 아니다. 그때 만집이 나선다.

"가실 곳이 마땅치 않으면 구산 마을로 가십시다. 모자가 거처할 방 하나쯤은 구할 수 있고 품을 팔아도 우리 사는 마을이 나을 겁니다."

주집과 심 서방도 고개를 주억거린다. 로사는 고마움에 몸 둘 곳을 모르겠노라며 머리를 조아린다.

가파른 산등성이를 한참이나 올라 용막골에 당도했을 때는 반대편 산주름 사이로 해가 모습을 감출 즈음이었다. 마을에서 내려다보고 있던 장정 몇이 달려 내려와 일행의 짐들을 나누어

지고 올라간다. 이미 공소로 사용하는 너른 방에는 십여 명 이상의 남녀 교우가 모여 있었다. 그들은 멀건 죽 한 그릇씩을 비운 뒤 심 서방 일행이 풀어놓는 짐에 얼굴색이 환해진다. 더욱이 잡곡 자루 속에서 하나하나 나오는 묵주, 상본, 교리책을 보자 하나씩 가슴에 품고 쓰다듬는다. 그들이 얼마나 신앙에 목말라하고 있는지 드러나는 장면이다.

"더 반가운 소식을 전하리다. 이번 부활 축일에 신부님께서 구산 공소로 오신답니다. 고해성사도 보시고 성체도 모실 아주 은혜로운 기회지요."

"이 얼마나 반가운 소식인지요. 축일표를 보고 주일과 축일에는 공소 예절을 하고 있지만 고해성사를 보고 싶은 맘들이 간절하지요. 더욱이 성체를 모실 수가 없으니…."

신유박해 때 간신히 피하여 이곳에 도착한 이들이 가마를 만들어 옹기를 구워 팔기 시작한 지 어언 삼십 년이라 했다. 다행히 흙이 차져서 이곳에서 구워 내는 옹기는 상등품으로 값을 쳐 주었다. 고되고 궁핍한 살림이지만 서너 가구가 서로 의지하며 살아온 삼십어 성상, 떠남과 태어남이 계속되어 지금은 이십여 가구라 했다.

구산에서 지고 온 곡물을 내놓자 교우들은 침부터 꿀꺽 삼킨다.

"이리 많은 곡물 구경한 지가 얼마만인지…"

공소 회장 박베드로의 음성이 축축하다.

"작년에는 아시다시피 가뭄이 심해서 넉넉하지가 않습니다."

"어디가요. 말려 두었던 온갖 풀뿌리 삶아 먹기 시작한 지가 언제인자… 오늘 죽은 그나마 여툰 곡물이 들어간 거랍니다. 허허허."

주교님과 사제들의 소식, 입교한 교우들, 체포되어 고충을 당하는 교우들 이야기로 밤이 깊도록 방 안의 호롱불이 꺼지지 않았다.

다음 날, 심 서방 일행은 한결 가벼워진 행장을 메고 로사 모자와 구산 마을로 향했다. 심 서방 일행은 삼거리 주막 앞에 이르자 발걸음을 멈춘다. 엊그제 일도 치하할 겸 용막골 소식도 전하고 국밥도 팔아 줄 셈이다. 주막은 비어 있다. 주모도 보이지 않는다. 주모를 소리쳐 불러 보지만 대답이 없다. 서로 불안한 눈길을 주고받으며 방문을 열어 본 그들은 사태를 짐작하고 서둘러 주막을 떠난다. 방 안은 고리짝이며 반닫이며 모두 열려 있고 난장판 그대로였다. 필시 주모가 끌려간 게 분명했다. 얼마쯤 갔을까, 샛길 저쪽으로 오랏줄에 묶인 서너 명의 사람들을 앞세운 포졸의 모습이 보였다.

*

 구산에 돌아온 일행은 김 회장에게 용막골 소식과 주막의 사정을 상세히 알린다.
 "형님, 이분은 개성 근방 화선 마을에 사셨다는데 밀고자가 고발을 해서 애기 아버지가 끌려갔답니다…."
 만집이 로사를 만난 이야기를 풀어놓자 김 회장은 대뜸 반색을 한다. 아우가 더 이상 말하지 않아도 로사 모자에게 무엇이 필요한지를 알아챈 것이다.
 로사는 모처럼 배부르게 대접을 받은 뒤 유마리아와 함께 윗마을로 향한다. 마리아는 로사 모자에게 당장 필요한 옷이며 기저귀감을 챙긴 보따리를 들었다.
 "아주머니! 손님 모시고 왔어요. 참, 손님이 아니구나. 이제는 우리 마을의 가족인데."

마리아가 낮게 웃는다. 로사는 이삼 일 사이에 벌어진 일들이 꿈인지 생시인지 가늠하기가 어렵다. 순돌이 아버지가 잡혀간 일, 물 한 모금 못 마시고 재 하나를 넘은 일도 아득한데 교우들의 환대를 받고 보니 그저 감사함이 넘칠 뿐이다.

"인사드리세요. 이분이 루치아 아주머니. 천사 같은 분이세요."

"로사입니다. 잘 부탁드려요."

"신부님 다녀가시고 일손이 비면 집을 마련해 드릴 거라며 당분간 아주머니 건넌방 빌려 주시라고."

"빌려 주고말고. 뭐 따로 집 마련할 게 있남? 함께 살면 되지. 난 식구가 둘씩이나 느니 좋기만 하네 그려. 흐흐흐."

루치아는 그 특이한 웃음을 흘리며 로사의 손을 덥석 잡는다.

"애기 엄마 맘고생 심했겠네요. 쯧쯧쯧, 걱정 마우. 천주님께서 내 외로운 처지 딱하게 보셨나 보네. 이리 고운 새댁 보내 준 걸 보면… 흐흐흐."

마리아는 부엌에 들어가 이것저것 모자람이 없는지 챙겨 본다. 나중에 칠복이를 보내겠노라는 말을 남기고 마리아는 아랫마을로 떠난다. 칠복이를 보낸다는 말은 곡식을 보내겠다는 말임을 알아챈 루치아가 소리친다.

"칠복이 빈손으로 보내도 되네. 아직 먹을 거 넉넉하니 걱정 말게."

로사의 손을 잡아 집안으로 들인 뒤 루치아가 묻는다.

"애기 아버지 소식은 들었소?"

로사는 고개를 저으며 눈시울을 붉힌다.

"배교는 하지 말아야 하는데… 어디 있는지도 모르니 찾아가 볼 수도 없고 그러네요."

"걱정하지 말아요. 내 한번 알아보리다. 나는 자주 집을 비우니 예가 로사네 집이려니 여기고 편히 있어요. 먹을 거는 그런대로 부족하지 않을 테니 애 배곯게 하지 말고…"

"너무 감사해서 어찌할 바를 모르겠어요."

"감사는 천주님께 하면 되고… 나름 다 할 일이 있지 않겠소? 아! 자매님 할 일이 생각났네. 흐흐흐… 요 뒷집에 재미있는 자매가 사는데 내가 얼추 간을 해 놨으니까…"

"네?"

간을 해 놓았다는 루치아의 말에 로사는 어리둥절한다.

"아, 배추도 간을 해야 노글노글해져서 김치를 하지 않남? 사람도 비슷하지. 성정이 거세면 살살 녹여 내 사람으로 만드는 게 간을 한다는 의미지. 흐흐흐."

"아, 네에…."

루치아는 재미있다는 듯 눈을 감실거리며 웃고 나더니 그간 개똥 할머니와의 사연을 상세히 들려준다.

"사는 게 팍팍해서 괜스레 아무에게나 시비를 걸긴 하지만 심성은 착하지. 암만, 첨부터 심성 나쁜 사람이 어디 있을라고. 로사에게도 처음엔 고분고분하지 않을 거라서 미리 알려 주는 거라오."

"말씀 낮추세요, 형님. 손아래도 한참 아랜데요."

"그럴까, 그럼. 개똥 할매는 내가 천주학쟁이라는 걸 알아. 그래도 여태 밀고를 안 한 걸 보면 천주님께서 섭리하시는 모양이네만 나야 배운 게 없어 교리를 잘 설명하기도 어렵고 말주변도 없으니 순돌 엄마가 살살 구슬러 인도해 보라고."

루치아는 사나흘 돌이로 행장을 메고 나들이를 간다. 한양은 물론 소의문(서소문) 일대의, 교우들이 갇힌 옥사가 있는 곳이면 어디든 가서 그들의 아픈 손을 잡아 주고 먹거리를 풀어놓았다. 먹거리라야 쑥버무리나 잡곡 주먹밥, 그리고 감자 고구마 오가리였다. 오가리 따위가 무슨 요기가 될까만 그래도 그걸 씹으며 자신들을 위해 기도하며 응원을 보내는 교우들이 있다는 사실에 위안을 받기 바라는 마음이었다.

그날도 루치아는 며칠 만에 집에 돌아왔다. 루치아는 행장을 방 안에 들이밀고 툇마루에 걸터앉아 휘유 큰 숨을 몰아쉬었다. 무사히 소임을 마쳤다는 안도감에 긴장이 풀리는 탓인지 전신에 맥이 풀리는 기분이었다. 어쩌면 칠순을 바라보는 나이 탓인지도 모르겠다.

그날은 몇 군데 감옥소를 돌아본 뒤 한양 여신도 회장인 현베네딕타의 전갈을 김성우 회장에게 전하는 소임이었다. 말이 아닌 서찰일 경우 특별히 조심스럽다. 오다가다 포졸에게 잡히는 건 아무 상관이 없지만 행여 다른 교우들에게 누가 미칠까 두려워 루치아는 각별히 신경을 써야 하는 것이다.

미처 한숨을 돌리기도 전에 개똥 할매가 모습을 드러냈다. 그녀의 등에는 여전히 개똥이가 매달려 있었다.

"어딜 그렇게 다니우?"

"방물장수가 동서남북 가리지 않고 다녀야 물건을 팔지. 왜? 보고 싶었남? 흐흐흐…"

루치아가 예의 그 하회탈 같은 웃음으로 개똥 할머니를 맞았다.

"내가 왜 할멈을 보고 싶어 하우?"

쥐어박듯 모진 말을 뱉어 보지만 루치아는 안색 하나 변하지 않는다. 개똥 할매는 이런 꼽추 할멈을 이해할 수가 없었다. 이것저것 꼬투리를 잡아 아무리 갈궈도 화를 내거나 탓하는 법도 없었다. 그뿐인가? 골방에 쟁여 둔 감자며 옥수수 따위 잡곡에 손을 대도 아는 체를 안 했다. 몰라서 그러는 건지 알면서도 그러는 건지 가려 낼 수도 없었다. 꼽추 할멈은 혈혈단신인 주제에 무에 그리 좋은지 주름진 얼굴에 항상 웃음이 걷히지 않았다. 도대체 뭘 믿고 살아 저런지 개똥 할매는 그녀를 염탐하지만 도무지 알 길이 없었다.

"개똥 어멈은 일 나갔겠지?"

"알면서 뭘 물어요! 지가 일 안 하면 세 사람 입에 거미줄 치게 생긴걸."

"알았네, 알았어. 성질 내지 말고 점심 같이 하세나. 이 집 저 집 돌아다니며 끼니는 때우지만 내 집에 오면 칼칼한 게 먹고 싶구만. 좀 거칠기는 해도 밀 찧어 놓은 게 있으니 김치 썰어 넣고 수제비나 해 먹자고."

루치아는 끙, 소리를 내며 툇마루에 올라 골방으로 들어갔다.

개똥 할매는 뒤가 켕겨 몸을 돌리다 말고 망설였다. 집이라고 가 봐야 먹거리가 있을 리 없었다. 꼽추 할멈 말 대로 수제비로 한 끼를 때우자니 뒤가 켕겼다. 엊그제 밀가루 두어 줌 가져갔으니 행여 축난 걸 알고 물어보면 어쩌나 조바심이 났다. 그러나 루치아는 아무것도 눈치채지 못한 듯 함지에 담아 온 밀가루를 부엌 토방에 앉아 치대며 무언가를 중얼거렸다.

"아니, 할멈은 허구한 날 뭘 그리 중얼거리우? 망령 든 할망구처럼."

"내가 뭘 중얼거리는지 들어 볼 텐가?…"

어와 세상 벗님네야 이내 말씀 들어 보소.
집안에는 어른 있고 나라에는 임금 있네.
내 몸에는 영혼 있고 하늘에는 천주 있네.
부모에게 효도하고 임금에게 충성하네.
삼강오륜 지켜 가자 천주공경 으뜸일세.

"그거 천주학쟁이들이 하는 소리 아니우? 그러고 보니 할멈이 천주학쟁인가 보구려. 어쩐지…"

"자네도 들어 본 적이 있는 모양이지? 그려, 천주학쟁이들이 부르는 노래여. 나도 천주학쟁이고. 고발할 테면 하고…"

루치아는 개똥 할매의 표정을 슬며시 살폈다. 그다지 놀라는 기색이 없는 걸 보면 얼추 짐작은 하고 있었던 모양이었다. 그간 루치아는 은근히 개똥 할매에게 공을 들였다.

이태 전인가, 뒷집에 움막 같은 집을 짓고 이사 온 개똥 할매는 누구와도 가깝게 지내지 못했다. 이웃이라야 마을과는 뚝 떨어진 곳에 자리 잡은 십여 채가 고작이건만 개똥 할멈은 툭하면 싸움질이었다. 뭐가 그리 맺힌 게 많은지 나오는 말마디가 가시였다. 루치아가 아무리 살갑게 굴어도 도무지 곁을 주지 않더니 어느 샌가 슬며시 다가오는 기색이었다.

너무 넓으면 힘에 부친다며 김 회장 댁에서 마련해 준 작은 텃밭도 있고 방물장사를 하는 타라 루치아는 한 입 치레는 물론 교우들 옥바라지하기에도 부족함이 없었다. 교우들 옥바라지 하려고 여툰 곡물들이 조금씩 손을 타는 걸 눈치챈 건 오래전이었다. 심지어는 된장, 고추장, 김치까지. 워낙 적은 가구 수인 데다 그간 남의 물건 탐하는 사람도 없어서 루치아는 늘 문을 잠그지 않고 다녔다. 그저 문고리를 걸어 두는 게 고작이었으니 누가 마음만 먹으면 얼마든지 드나들 수 있었다. 개똥이네가 이사 온 뒤부터 그러니 의심을 안 할 수가 없었지만 루치아는 모른 척하고 있었다. 오죽하면 그런 짓을 할까 싶은 데다 '목마르고 굶주린 이들에게 먹을 것을 주라.'는 예수님의 가르침이 있기에 루치아는 먹을 게 있으면 감자 한 알도 나누었다.

날이 갈수록 개똥 할매는 루치아의 눈치를 슬슬 살피는 게 예사롭지 않았다. 슬금슬금 곁으로 다가오는 느낌이었지만 굳이 아는 체하지도 않았다. 때가 되면, 천주님께서 섭리하신다면 언젠가 그녀도 자녀로 삼으시려니 그리 믿고 있었다.

"많이 먹게나."

"성님도 드셔야지 왜 날 다 주세요."

"늙으면 뱃구레도 줄어서 많이 못 먹어. 아니! 자네 나한테 성님이라 했는가? 흐흐흐. 그래, 우리 오늘부터 성님 아우 하며 살아 보세나. 흐흐흐"

봄이라지만 바깥바람이 쌀쌀해서 방으로 들어와 개똥이를 풀어놓으니 녀석은 수제비 조각 하나를 손에 쥐고 뒤뚱뒤뚱 온 방을 헤맨다.

"근데, 성님은 내가 그리 못되게 구는 데도 왜 다른 이들처럼 화를 안 내시우? 아예 속이 없으신 거유?"

"어린 시절부터 마음고생, 육신고생 하다 보니 뱉도 다 없어진 모양이네."

루차이는 뭐가 그리 좋은지 주름진 눈가에서 웃음을 걷지 못한다.

"소년 과부 되어 아들 하나 죽자고 키웠는데 장가들여 놓으니 남만도 못하고, 그래도 그놈 의지하며 살았는데 노름판으로 돌다가 객사하고 말았네요. 며느리도 기구한 팔자라 해산한 지 석 달도 못 되어 홀몸이 되었구려. 의지할 다른 자식이 있는 것도 아니어서 손자 키워 주며 아들 없는 며느리 의지하고 살지만 남편 없는 시어미라고 홀대하기 일쑤고…"

개똥 할매 먹다 말고 그예 치마귀로 눈물을 닦는다.

"그만하게나. 사는 게 팍팍하면 사물을 보는 눈도 삐딱해지고 나오는 말마디가 곱지 않은 법이라네. 걱정 말게. 나는 여러 사람 은덕으로 살림이 옹색하지 않으니 함께 나눠 먹으며 사세. 개똥 어멈이 푸닥거리하면 내게 오게. 같이 자면 되고, 나 없을 때는 혼자 와서 자면 되지. 난 평생 방문 잠그고 다니지 않으니…"

"실은 그동안 성님 없을 때…"

개똥 할매가 속내를 털어놓으려는 눈치를 보이자 루치아는 아이구, 내 정신 좀 보게…. 궁시렁대며 부엌으로 나간다.

제가 양식을 몰래 축냈다고 실토하는 거라면 자신이 들을 게 아니라 천주님께서 그녀의 속마음을 헤아려 용서해 줄 터였다. 양식 축내는 걸 알면서 그녀를 원망하지 않았으니 용서를 하고 말고 할 것도 없었다. 본시 먹거리는 천주님이 주시는 것, 그녀가 손대기 전에 나누었어야 하는 걸 생각하면 오히려 자신이 잘못한 셈이었다.

며칠 후 루치아네 마당에서 대패 소리 망치 소리가 이른 아침의 청량한 공기를 휘젓는다. 만약을 대비하여 사제나 신도들이 은신처로 삼을 만한 처소를 김 회장 댁 후원 소나무 숲에 또 한 채 지었다. 그 일을 도우며 남아도는 자투리 자재를 틈틈이 날라다 여투던 칠복이가 마침내 평상 하나를 완성해 마지막 대패질을 하고 있다. 그간 흙바닥에 낡은 돗자리를 깔고 쭈그리고 앉아 마늘을 까거나 오가리를 말리는 루치아를 눈여겨보던 칠복이다. 그 흔한 수숫대 울짱도 없지만 항상 깨끗이 비질이 되어 있던 마당 한편에 평상이 들어앉고 보니 제법 그럴듯하다. 겨울에 수숫

대를 모아 울짱도 세우리라, 칠복은 혼자 생각하고 있었다.

"칠복아, 이것 좀 마시고 해라. 숭늉이 아주 구수하구나."

부엌에서 루치아가 눈가에 감실감실 웃음을 담고 나온다.

"할머니도 참, 아침 먹은 지 얼마나 된다고요."

"이 핼미 숭늉은 특별하니라. 흐흐흐."

루치아 말대로 잡곡이 섞인 숭늉은 탁하고 구수하여 한 끼 식사로 때워도 넉넉할 듯싶다. 지켜보는 루치아 보란 듯한 방울도 남김없이 다 마시고 빈 그릇을 건네며 칠복이는 일부러 크게 트림을 한다. 마치 기름진 음식을 포식한 듯이. 그 익살이 대견한 듯 루치아는 칠복이의 등을 토닥인다.

"아니, 아침부터 동네 시끄럽게 웬 난리람!"

개똥 할매가 개똥이를 업고 나오며 싫은 소리를 한다.

"아주머니! 이리 와 앉아 보세요. 아직 좀 거칠기는 해도 차츰 길이 날 거예요. 개똥이 데리고 여기 와서 우리 할머니랑 노세요."

개똥 할매의 싫은 소리에는 어지간히 이력이 생긴 듯 칠복이는 탄하지 않는다.

"내가 저 꼽추 할멈과 먼 얘기를 해? 말이 통해야 말이지. 말만 했다 하면 이 세상 사람 아닌 듯 이상한 소리만 지껄이는 걸."

"아주머니. 우리 할머니께 자꾸 꼽추 할멈이라 그러지 마세요. 칠복이 할머니, 그렇게 불러 주세요. 솔직히 우리 할머니 등이 약간 굽은 거지 꼽추 아니에요. 그리고 우리 할머니 입에서 나오는 말은 다 좋은 말이니까 새겨들으세요."

"얼씨구! 조손이 아주 짝짜꿍이 잘 맞는구먼."

말은 그렇게 하면서도 개똥 할매는 싫지 않은지 슬며시 평상에 엉덩이를 부린다. 루치아가 고구마 말린 걸 하나 내밀자 개똥이가 엉덩춤을 추며 받아 입으로 가져간다. 그때 설거지를 마친 로사가 부엌에서 나온다. 등에 매달린 순돌이가 개똥이를 보더니 꺅꺅 소리를 지른다.

"이리 와 순돌이 풀어놓게. 애들은 애들을 알아보는 모양이네. 이보게, 이 양반이 뒷집에 살아. 서로 잘 지내 봐. 흐흐흐."

로사는 개똥 할머니에게 공손히 허리를 꺾는다. 로사의 얼굴에도 미소가 번지고 있다. 도대체 이 집에 오는 사람들은 모두 보살 같은 얼굴을 하고 있으니 참 이상하단 말이야. 개똥 할매는 앉은 채 거만하게 고개를 까딱하며 생각한다. 젊은 새댁도 처음 보는 사람 같지 않고 조신한 게 마음에 든다. 무엇보다 개똥이 동무가 생겨 안성맞춤이다. 늘 할미 등에 붙어 다니니 오죽 심심하고 답답할까.

"앞으로 나와 함께 살 사람이니 잘 지내게. 나야 워낙 자주 출타하니 자네가 잘 좀 도와주게."

4장 배교자

상제(喪祭) 차림의 모방 신부와 정하상 바오로, 이문우 요한 등 일행이 구산 마을에 모습을 드러낸 건 부활 축일이 가까운 3월 중순 땅거미가 질 무렵이었다. 아무 날 올 거라는 전갈을 받은 뒤에도 한참이 지난 뒤였다.

순조 임금이 정치를 시작한 뒤 천주교 박해가 다소 느슨해지기는 했지만 일부 지방에서는 여전히 박해의 바람이 멈추지 않았다. 때문에 충청도 지방에서 사목을 하던 모방 신부가 서울로 오기 위해서는 조심스럽게 밤길을 걸어야 했다. 모방 신부 일행은 김 회장의 집에 들어서자 비로소 안심하며 서로의 안부를 묻는다. 피로한 기색이 역력한 모습들이지만 얼굴은 환한 웃음으로 빛이 난다.

"오시느라 수고 많으셨습니다, 신부님."

신부가 별채에 여장을 푼 뒤 김 회장이 무릎을 꿇고 예를 올리자 신부 역시 긴 다리를 접어 한국식으로 절을 한다. 방갓을 벗은 얼굴은 몹시 수척하여 등잔불 밑에 깊은 음영을 그린다. 홀쭉한 볼 탓에 다소 날카로워 보이는 인상이지만 길게 늘인 수염에 푸르고 깊은 눈은 언제 보아도 자애로움이 가득하다.

"곧 저녁상 들이도록 하겠습니다. 드시고 잠깐 쉬십시오."

"아니, 나 안 쉽니다. 교우들 많이 기다립니다."

성사를 받기 위해, 성체를 모시기 위해 목이 타도록 기다리는 교우들을 생각하면 쉴 수가 없다는 신부의 속뜻을 충분히 헤아린다.

이미 마당에는 남녀노소 여남은 명이 모여 서성이고 있다. 신부가 왔다는 소식을 듣고 모인 교우들이다. 용막골 공소에서 온 교우들은 이틀째 김 회장 집에 머물며 신부를 기다리고 있었다. 마장안 집에 머물던 유마리아와 심 서방의 처 말따, 꽃님이도 와 있으니 온 집안은 조용한 술렁임으로 마치 잔치를 앞둔 집 같다.

만삭이 가까운 배를 안고 제풀에 흥겨워 들썩이는 꽃님이를 데리고 유마리아는 안방으로 들어간다. 이참에 칠복이와 꽃님이에게 세례를 받게 하려고 준비 중이었다. 기도문과 교리문답을 달달 외우는 칠복이에 비해 꽃님이는 산만해서 집중을 시키지 않으면 더러 빼먹는다.

몸가짐이며 말씨가 거칠기 짝이 없던 꽃님이가 한 여인이자 순한 영혼으로 성장해 가는 모습이 유마리아의 눈에는 아름답기 그지없다.

"꽃님아 신부님 앞에 가면 무섭고 긴장해서 떨리기도 하겠지만…"

"엄니 나 신부님 하나도 안 무서워. 나를 얼마나 이뻐하시는데."

유마리아는 속으로 미소를 짓는다. 제가 신부님을 몇 번이나 만났다고 저리 확신을 하는지.

"그러니? 신부님께서 너를 그리 예뻐하시는 줄 미처 몰랐네. 그래도 묻는 말씀 잘 듣고 조신하게 대답해야 한다. 나나 아버지한테 하듯 말 짧게 하지 말고."

"말을 어떻게 짧게 해?"

"어른들께는 존댓말을 하라는 말이다."

그제야 고개를 끄덕이며 묻지도 않은 교리문답을 외운다.

"천주는 누구시뇨. 천주는 만선만덕(萬善萬德)을 갖추신 순전한 신이요, 만물을 창조하신 자이시니라…"

"그게 무슨 뜻이지?"

"으음, 만선하시고 만덕하시고…"

그러고는 고개를 갸웃한다. 몇 번을 가르쳤건만 한문이라 이해가 잘 안 되는 모양이다.

"천주님은 선하시고 온갖 덕을 갖추시고 만물을 다 만드신 분이라는 말이지."

"아, 맞다 맞아."

"천주님은 어디 계시지?"

"음… 하늘에."

유마리아가 꽃님이의 두 손을 잡아 자신의 무릎 가까이 다가오도록 이끈다. 밖의 동정에 귀를 기울이는 꽃님이의 정신을 집중시키려는 것이다.

"물론 하늘에도 계시지. 그리고 우리 마음 안에도 계시는 거야. 네 배 속에 있는 아기의 조그만 생명에도 계시지…"

마리아는 천주 무량하심(아니 계신데 없어 곳곳에 계심)을 꽃님이가 알기 쉽게 설명한다. 세례찰고(예비 신자가 세례를 받을 준비가

다 되어 있는지 여부를 시험하는 일)에 꼭 필요한 교리는 아니지만 이참에 꽃님이에게 알려 주고 싶은 마음이다. 그 시간 칠복이는 성희 약방에서 다른 입교자들과 교리 복습을 하고 있었다.

"신부님께서 저녁 식사 마친 뒤에 바로 성사를 주신다니 행랑채나 사랑채에 들어가 있거나 집에 가 계세요. 차례가 되면 기별할 테니…"

심 서방이 모인 이들에게 김 회장의 말을 대신 전한다. 사제가 머무는 동안에 행여나 밀고자가 나타나지 않을까 조심하는 거다.

*

저녁상을 물린 사제가 고해성사를 주기 시작하자 김 회장은 비로소 정하상과 이문우와 마주하는 시간을 가질 수 있었다. 그들 사이에 소박한 밥상이 놓인다. 예수 수난 시기여서 잡곡밥 한 공기에 된장 뚝배기와 김치가 전부다.

"어서 드세나."

권하는 김 회장을 바라보는 정하상의 눈에 정겨운 웃음이 번진다. 어쩌다 한 번씩 만나게 되지만 그들은 서로의 마음을 쉽사리 읽고 교감을 나눈다.

"예서 부활 축일을 보내고 가려는가?"

밥상을 물리자 성우가 묻는다.

"그러면 좋겠지만 주교님 심부름도 있고 한양에서도 축일을 지내야 하니 내일 새벽 미사를 드린 뒤 떠나려네. 신부님은 요한이 모실 테지만 아무래도 마장안 집에 머무시게 하려면 자네도 동행해야 할 텐데…"

"여부가 있나? 그나저나 신학 공부는 할 만한가?"

성우가 빙그레 웃음을 띤 얼굴로 하상을 바라본다.

"웬걸? 나이 들어 라틴어를 공부하자니 머리가 돌아야 말이지. 허허허… 신부님도 조선말 배우는 게 나처럼 힘드셨을 게야. 내가 농 삼아 그런 이야기를 했더니 당신은 머리가 나빠 더 힘드셨다나 어쩌셨다나. 허허허."

"아닐세. 신부님은 언어 능력이 누구보다 뛰어나신 분이라 가르치는 내가 부끄러울 정도였다네."

김성우가 맞장구를 치자 정하상과 이문우 역시 허허 웃는다. 성우는 하상의 짙은 눈썹에서 강인한 의지를 본다. 그는 기필코 해내고야 말리라. 사제 불모지인 이 땅에 사제들이 하나둘 늘어난다면 이 척박한 조선 땅은 옥토가 될 것이다. 하상이 제의를 입고 미사를 집전하는 모습을 상상하는 것만으로도 성우의 마음에 기쁨이 가득 고인다.

이문우 요한은 얼굴에 가득 웃음을 담은 채 두 형님들의 이야기를 듣고 있다. 모방 신부님을 모시고 다니며 복사를 서느라 두 형님들을 자주 만날 수는 없지만 언제 봐도 믿음직스럽고 존경심이 일어나는 분들이다.

"참으로 장하이. 그 나이에 신학 공부를 시작하다니…. 난 그저 자네가 부러울 뿐이네. 어린 시절 글 선생이 틈틈이 천주학에 대해 가르칠 때 귀담아 들었다면…"

"각자 주님께 받은 은총이 따로 있는 법이거늘. 자네는 자네 나름 충분히 주님의 사업에 동참하고 있지 않은가."

"재물로 돕는 거야 누군들 못하겠나. 그게 무슨 공이 되겠는가?"

"그렇지 않다네. 사제 영입을 위해 모금을 하면서 가진 자가 더 주먹을 움켜쥐는 걸 난 여럿 보았다네. 그런가 하면 가난한 교우들이 한 푼 두 푼 모아 주는 자금을 받으면서는 마음이 아린 적이 한두 번이 아니었지."

이문우는 두 사람의 대화를 들으며 자신도 모르게 과거의 기억으로 돌아간다.

이천에서 태어난 그는 모태 교우였다. 독실한 신자였던 그의 부모는 애석하게도 그가 다섯 살 때 병사했다. 아침저녁으로 조과(아침기도)와 만과(저녁기도)를 드린 뒤면 그의 머리를 쓰다듬으며 우리 요한이가 사제가 되면 얼마나 좋을까? 그러게요, 두 사람이 주거니 받거니 했었다. 당시에는 그게 무슨 말인지 잘 몰랐지만 후에 여신도 집에 양자로 들어가 성장하면서 차츰 부모의 소망이 무엇인가를 깨달았다. 하지만 양어머니는 그가 결혼할 것을 원했다. 워낙 심성이 착한 문우는 양어머니의 청을 거절하지 못하고 혼인을 하여 남매를 두었다. 몇 년 후 아내와 어린 남매가 돌림병에 걸려 죽고 말았다. 양어머니는 재혼을 권했지만 그는 마다하고 독신으로 지내며 교우들을 돕는 일에 마음을 다했다. 모방 신부가 조선에 입국한 뒤로는 모방 신부를 도와 교우들의 집을 찾아다니며 복사를 서거나 고해성사 때 언어가 통하지 않는 교우들을 도왔다. 기부금을 모아 틈틈이 교우들의 옥바라지도 하며 옥중의 교우들이 고통 가운데 행여 배교하지 않을까 위로하며 독려했다.

"그나저나 마카오에 있는 대건이랑 양업이, 방제는 잘 있는지. 만나 볼 기회는 없었지?"

이문우가 자신의 생각에 빠져 있는 동안 형님들의 대화는 계속되고 있었나 보다.

"소식만 들었지. 최방제는 풍토병으로 애석하게도 하늘나라에 먼저 갔다네. 대건이와 양업이도 고생이 이만저만 아니겠지. 음식이 입에 맞겠는가. 잠자리가 편하겠는가. 조선에 나와 계시는 신부님이나 주교님과 다를 바가 없겠지. 더구나 나이도 어리니 부모님이 오죽이나 그립겠는가. 그래도 두 사람 모두 영민하니 잘 견디겠지."

다음 날, 나룻배에 오른 정하상은 바닥에 자리를 잡고 주저앉자 패랭이 갓을 살짝 들춘다. 김성우의 도포 자락이 깃발을 흔들 듯 바람에 펄럭인다.

'새벽바람이 찬데 저 친구 속히 안 들어가고 뭐 하남?'

언제 만나도 오래 묵은 씨된장처럼 변하지 않는 정 깊은 사람이 바로 우집, 김성우다.

"도련님! 일전에 장터에서 성우 도련님 아니, 성우 서방님을 만났습니다요."

고 서방에게 성우의 소식을 들은 건 중국에서 유방제 신부를 모시고 온 며칠 후였다.

"우집이? 그래 신수가 어떻던가? 그새 많이 늙었던가?"

"어디가요? 신수가 아주 훤하셨습니다요. 장가도 드셨고 슬하에 남매를 두셨는데 벌써 성혼했다 들었습니다."

숨 돌릴 겨를도 없이 묻는 하상에게 고 서방은 자세히 그날의 상황을 전하며 성우 서방님이 사 주는 국밥을 달게 먹었다는 말도 덧붙였다. 고 서방의 말을 듣는 순간, 하상은 머릿속을 스치는 유년의 기억으로 무릎을 칠 듯이 기뻤다. 그간 사제 영입을 위해 모금 운동을 하고 북경을 드나드느라 정신이 없어서 유년의 기억은 까맣게 잊고 살았다. 유년시절…. 거기에는 동무들과 글 읽고 자치기와 연 날리기를 하던 아름다운 추억이 있는가 하면 아버지와 형의 죽음, 가난, 두려움 따위의 쓰라린 기억도 있었다. 하상은 그 아픔 속에 깊이 묻혀 있던 우집과의 기억을 건져 올렸다.

그날 이후 하상의 마음은 분주했다. 유방제 신부를 북경에서 모시고 온 지 얼마 되지 않은 때라 할 일이 이것저것 많았지만 우집을 만나러 갈 생각에 마음이 바빴다. 유진길에게 대충 우집과의 인연을 털어놓은 뒤 함께 구산 고을을 찾았을 때는 서너 달이 지난 그해 봄이었다. 하상의 기억으로 구산 고을은 교우촌으로 발전시키기에 안성맞춤인 지형이었다. 지금 생각하니 그렇다는 말이지 어렸을 때는 소나무와 대나무가 울창하여 술래잡기하기 딱 좋은 곳이었다는 기억만 있었다.

하상과 유진길이 원하던 대로 김성우 부부가 세례를 받은 뒤 그들의 노력으로 마을 전체가 교인이 되다시피 했다. 마침내 신부의 권고로 공소가 생기게 되었고 김성우가 회장이 되었다. 우집은 훤칠한 풍채에 눈썹이 짙은 데다 과묵해서 엄해 보이지만 그의 얼굴 전체에는 어떤 빛이 서려 있다. 사람을 끌어안는 따뜻한 빛, 그래서 구산 고을 주민 모두가 그를 어버이처럼 따르고 존경하는 모양이다.

'당신 천주교 신자지요?' 영안이 조금이라도 트인 포졸이라면 그리 말하며 당장 오랏줄을 들이밀 테지만 그런 포졸은 아직 없는 듯하다. 하상은 새벽안개가 걷히며 드러나는 시야에서 성우의 모습이 하나의 점처럼 사라질 때까지 패랭이 갓을 들고 있다가 내린다. 한양에 도착하면 해야 할 일이 많으니 언제까지 벗과의 정회에 젖어 있을 수가 없는 것이다. 이번에도 우집은 많은 액수의 엽전을 내놓았다. 세례 받은 이후 꾸준히 자금을 희사해 주니 하상으로서는 일하기가 훨씬 수월했다.

정하상을 태운 나룻배가 가물가물 시야에서 멀어질 때까지 나루터에 머물던 김 회장은 마을을 향해 휘적휘적 걸음을 옮긴다. 봄은 아직 멀었는가, 벌판을 휩쓸고 온 바람이 제법 차다. 그는 마음이 으스스하여 도포 자락을 단단히 여민다.

'저 사람 생전에 다시 만날 수 있을까…' 교회 형제자매들과의 만남은 늘 기쁨이면서 헤어질 적에는 어김없이 서운함과 염려가 뒤섞인다. 다음 만남을 기약할 수 없는 현실이기에.

*

어느 날 새벽, 개똥 할매가 자는 손자를 안고 루치아의 방문을 벌컥 열었다. 잠결에 놀란 루치아와 로사가 벌떡 일어나 앉자 개똥 할매는 울기부터 한다.

"개똥 어미가 도망을 갔나 봐요. 근자에 들어서 가끔 자고 오는 적도 있어서 그런가 보다 했는데 어쩐지 마음이 쓰여 농짝을 열어 보니 어미 옷가지가 하나도 없네요. 성님 이 일을 어쩌면 좋아요? 애를 두고 도망을 친 모양이니 장차 내가 어찌 이놈을 키

울지…"

루치아와 로사도 난감한 표정으로 개똥 할매를 멍하니 바라본다. 설마… 돌아오겠지, 라는 마음과 과부가 남자에 미치면 아이가 잡고 자는 옷고름도 싹둑 자르고 도망친다는 옛말도 떠오른다. 이윽고 로사는 개똥이를 받아 순돌이 옆에 눕히고 루치아는 개똥 할매의 등을 쓰다듬는다. 개똥 할매의 푸념이 시작된다.

"시어미에게 못되게 굴어도 서방이 없어 사는 게 팍팍하니 그러겠지 싶어서 동네 사람들에게 쉬쉬하며 제 년 허물 감싸고돌았건만…. 세 식구 입치레하기도 어려운 처지에 어디서 구했는지 지분을 허옇게 바르고 모냥을 내도 맴이 허해서 그러려니 했는데…. 아이고 어쩌면 좋아. 내가 무슨 수로 이놈을 키워. 복대가리 없는 내 팔자야…"

"이보게! 그만하게. 아이들이 태어날 때는 저 먹을 거 다 가지고 태어난다는 옛말도 있지 않는가. 그러니 너무 걱정하지 말게."

루치아의 다독임에 진정이 된 개똥 할매는 자는 개똥이 머리를 쓰다듬고 또 쓰다듬는다.

그날 이후 개똥 할매는 잠만 자기 집에 가서 잘 뿐, 모든 일상을 루치아네와 함께했다. 먹고 밭에 나가 일하고, 기도하고. 그

바람에 개똥 할매는 자연스럽게 기도문을 외우게 되었다. 따가운 봄 햇살 아래 두 사람은 아이를 등에 업거나 나무 등걸에 긴 띠를 매어 그 끝은 아이들 허리에 묶어 놓았다. 아이들은 흙을 파먹고 잡풀을 뜯고 돌을 가지고 놀았다. 로사는 개똥이 할매에게 따로 교리를 가르쳤다. 개똥 할매는 머리가 나쁘지 않아 세례 받기에 부족함이 없는 교리를 외워 여름이 오기 전에 세례를 받아 젬마라는 세례명을 받았다. 한양에 있는 모방 신부가 남쪽 지방으로 떠나기 전이었다. 두 집 아이들도 유아 세례를 받아 순돌이는 요셉, 개똥이는 도마가 되었다. 젬마와 로사는 모처럼 한가롭게 평상에 앉아 순돌이와 개똥이가 흙장난하는 모습을 보고 있다. 심 서방과 칠복이가 일궈 준 밭에 무, 배추는 물론 여러 가지 채소를 파종한 뒤라 잠시 여가를 누리는 참이다. 루치아가 어제 방물 바구니와 바랑을 이고 지고 집을 떠난 터라 집안 분위기는 이가 빠진 듯 다소 허한 기운이 없지 않다.

"그년은 새끼 버리고 맘 편히 잘 살고 있겠지?"

개똥 할매 젬마는 틈만 나면 생각이 거기에 이르나 보다. 자는 개똥이 머리를 쓰다듬다가도 밥을 먹이다가도 한숨과 함께 중얼중얼 개똥 어머니 욕을 하기 일쑤다.

"형님! 손아래 사람이 이런 말씀드리기 죄송하지만 이제 개똥 엄마 욕은 하지 않는 게 좋겠어요. 세례 받을 때 예수님께서 형님의 죄를 다 사해 주셨는데 개똥 엄마에 대한 미움을 못 버리고 자꾸 욕을 하면 다시 죄를 짓는 거예요. 미움이 생길 때마다 천주경을 외우든가 예수님 자비를 베풀어 주십시오, 라고 기도하면 형님 죄도 안 짓고 마음이 가라앉지 않을까요?"

"남의 일이라고 쉽게 말하지 말어. 본디 그렇게 생겨 먹었는데 세례 받았다고 당장 천사가 되는 줄 아남!"

젬마는 발끈한다. 젬마의 말도 틀린 말은 아니다. 세례를 받는다고 당장 천사가 될 수 없듯이 사람을 용서하는 일도 결코 쉬운일이 아님을 로사도 모르지 않는다. 거친 돌도 수천수만 번 정을 맞아야 요긴한 돌이 되는 법인데. 로사는 슬며시 미안해진다.

"형님, 죄송해요. 제 생각이 너무 짧았어요. 마음 푸세요…. 어머, 벌써 해가 중천이네. 점심은 뭐로 할까요?"

로사가 젬마의 상한 기분을 풀어 주려는 듯 서둔다.

"순돌 엄마 말이 맞아. 나도 노력을 해야지."

"안녕들 하셨어요?"

그때 아랫마을 칠복이가 성큼 마당으로 들어선다. 아이들이 먼저 달려들자 칠복이는 두 아이를 양손에 번쩍 들어 안는다. 볼수록 믿음이 가는 청년이다.

"웬일이지?"

부엌으로 들어서다 말고 로사가 돌아선다.

"로사 아주머니. 회장님께서 약방으로 잠깐 건너오시라는데요. 순돌이는 제가 데리고 놀게요."

로사는 까닭 없이 정수리에 찬물 한 바가지를 뒤집어쓴 듯한 전율에 가만히 진저리를 친다.

"회장님께서 왜 나를 부르실까? 누가 오셨나?"

"글쎄요, 저도 잘 모르겠어요. 회장님께서 약방으로 오셔서 저를 보내셨으니까요."

머릿수건을 풀어 옷의 먼지를 털고 매무시를 다듬은 후 로사는 걸음을 옮긴다. '무슨 일일까…. 순돌 아버지의 치명 소식?…'

로사는 지레짐작으로 마음을 다잡는다. 어떤 소식을 듣더라도 회장님 앞에 눈물을 보이지 않으리라고. 밤마다 아니, 매 순간 남편이 치명하기를 바라며 천주님께 기도하는 사이사이 배교를 해서라도 가족을 찾아왔으면 하는 실낱같은 희망도 없지 않았다. 그 순간마다 화들짝 놀라 남편의 영혼을 천주님께서 거두어 주시기를 기도했다. 치명을 했다면 시신이라도 거둘 수 있기를 바라는 마음으로 성희네 약방문을 민다. 약방에는 원희 혼자 지키고 있다가 벌떡 일어난다.

"아주머니 오셨어요? 별일 없으시지요?"

어린 나이답지 않게 인사가 깍듯하다.

"그럼 잘 있지. 회장님께선 어디 계실까?"

"안채에 계세요. 이리로 들어가시면 돼요."

원희가 안채로 통하는 문을 열어 준다. 김 회장은 아우 만집과 함께 대청에 앉아 있다가 로사를 보자 일어나 맞는다.

"어서 오십시오. 저… 순돌 아버지 함자가 어찌 되는지요?"

"고동진, 입니다만…"

긴장한 로사는 마른침을 꼴깍 삼킨다.

"다름이 아니라 용막골에서 소식을 들었다며 형제님 한 분이 로사 자매님을 찾아왔다는데 확인을 하고 싶어서요."

"체포된 사람이 어떻게?…"

로사는 벌렁거리는 가슴을 지그시 누르며 말끝을 잇지 못한다.

"도망을 쳤다고 합디다. 그럼 저랑 집으로 가시지요."

김 회장을 따라 큰댁으로 가면서도 로사는 떨리는 마음이 진정되지 않는다. 반갑기도 하면서 무언가 석연치 않은 복잡한 심정이다.

*

 거지가 할아버지 하며 달려올 지경으로 남루하던 고동진은 말끔하게 씻고, 회장님 댁에서 보낸 깨끗한 입성으로 갈아입었다. 로사는 그런 남편을 새삼스레 바라본다.
 '내 남편이 이렇게 생겼던가? 왜 당당하지 못하고 이다지도 초라하고 비굴해 보이지?…'
 순돌이를 낳아 키우며 함께 사는 동안 아니, 어려서부터 한 동네에서 크며 보아 온 고동진. 출중한 인물은 아니었어도 비굴하거나 유약해 보이지는 않았다. 적어도 로사의 눈에 비친 고동진은 그랬다. 한양에 살던 로사는 부모가 일찍 돌아가시는 바람에 사인리(현재의 의정부) 숙부 집으로 옮겨 청소년기를 보냈다. 로사는 신유박해 때 조부와 증조부가 치명을 당한 순교자 집안 자손이었다. 숙부는 다정하면서도 자녀들에게 예의범절만은 철저하게 가르쳤다. 그런 반면 고동진은 편부 슬하에서 성장하며 눈치만 키웠다. 청년기로 접어들면서 고동진은 로사 주변을 맴돌며 귀찮게 굴었다. 남녀가 유별하거늘…. 숙부는 고동진을 보면 혀를 끌끌 차곤 했다. 그가 질녀의 짝으로 못마땅해서인지 아니면 신앙이 없는 그들 부자에 대한 연민인지 로사는 분간하기 어려웠다. 어쩌면 둘 다였을 것이다.

고동진의 끈질긴 구애는 로사를 꺾었다. 마을에 소문이 퍼져 부끄럽기도 하고 언제까지 숙부 댁에 얹혀사는 것도 민망해 결심하게 된 것이다. 로사는 태내 교우인 반면 고동진은 로사와 혼인하기 위해 세례를 받았지만 나름 열심히 주일을 지키고 아침저녁으로 기도를 게을리하지 않았다. 지병이 있었던 시아버지는 다음 해 세상을 떠나고 먹고 살 길을 찾아 이리저리 옮겨 다니던 그들은 화전촌에 자리를 잡게 되었다.

순돌이를 재우는 동안에도 참지 못하고 함께 누워 치근대던 고동진은 아이가 잠든 걸 확인하자 본격적으로 로사의 허리를 감는다. 로사는 남편의 손길을 슬며시 밀어내며 일어나 앉는다.

"왜 그래? 오랜만에 서방 만났는데 반갑지도 않아? 그새 마음이 변하기라도 했나? 서방은 온갖 고생 다 하면서 가족을 찾아 헤맸는데 임자는 뽀얗게 살도 오르고 아주 편하게 잘 살았나 보네."

로사는 그런 남편의 눈을 똑바로 바라본다.

"순돌 아버지! 도망친 거 맞아요? 배교한 게 아니구?"

"이 사람 무슨 말을 하는 거야? 큰일 날 소리 하고 있네."

"아니면 됐어요. 순돌 아버지한테 그런 용기도 있었나 놀라워서."

"아무리 부부라도 그렇지. 사람의 속내를 어떻게 다 알겠어."

고동진은 슬며시 눈길을 돌리며 중얼거린다.

며칠 후 집으로 돌아온 루치아는 사심 없이 고동진을 반겼다. 젬마 역시 든든한 남편 다시 만나 좋겠다면서도 잃어버린 아들이 그리운 듯 눈물을 글썽였다. 고동진은 집안 안팎을 돌며 손볼 것이 없는지 살피기도 하고 순돌이와 개똥이를 데리고 나가 한나절씩 놀다 들어오기도 했다. 여느 가장과 다름없는 그의 행동에도 불구하고 로사는 마음 한구석이 불편했다.

주일을 맞아 공소예절이 있기 전날이다.

"형님, 요사이 제 마음이 왜 이런지 모르겠어요. 순돌 아버지 돌아온 뒤 마음이 자주 산란해요."

아이들은 고동진에게 맡기고 밭으로 나가는 길에 로사가 루치아에게 고백한다.

"어째서?"

"모르겠어요. 순돌 아버지 잡혀간 뒤로는 제발 배교하지 말고 치명했으면 하는 바람이 일곱이었으면 배교를 해서라도 돌아와 순돌이 아비 노릇 해 주었으면 하는 바람이 셋이었는데…"

"셋의 바람대로 됐는데 왜 불편할까? 남편이 배교해서 죄받을까 봐서?"

"저도 제 마음을 잘 모르겠어요. 잡혀가다가 도망을 쳤다는 말도 믿어지지 않고… 내일 경당에 함께 가야 할지 어떨지도 모르겠고."

"당연히 함께 가야지, 주일인데. 순돌 아버지가 밀고자가 될까 봐 조심스러운가? 예전부터 교우촌에 오면 얻어먹기가 수월하니까 배교자가 찾아와 밀고자가 되기도 하지. 교우들은 몰라서 속기도 하고, 알면서도 속아 주고, 그래서 낭패를 당하는 경우도 있지만 어쩌겠나? 그게 사람 사는 세상일인데. 모든 건 천주님께 맡겨야지."

"네에, 제가 남편을 너무 못 믿는가 봐요."

"이보게, 베드로 사도도 예수님을 모른다고 세 번이나 배반한 적이 있다고 하지 않던가?"

"네… 그렇지만…"

"그뿐인가, 신유박해 때도 여럿이 배교를 했다가 뉘우치고 치명의 길을 택했다 들었네. 천주님은 자비로우신 분이시며 나약한 인간을 구원하기 위해서 예수님을 보내신 거 아닌가. 만약 순돌 아버지가 배교를 했다면 자네는 모르는 척하고 열심히 기도하게. 나도 기도할 테니."

루치아는 고동진이 배교했음을 진작에 알고 있었다. 옥에 갇힌 교우들을 찾아다니다 보면 이런저런 소식을 듣게 마련인데 화전촌에서 잡혀 온 교우 중 한 사람이 배교해서 나갔다고 들은 지 한참 전이었다. 혹시? 짐작만 했을 뿐 순돌 아버지라는 확신이 없어서 로사에게는 말을 안 하고 있었다.

"아니, 두 사람은 뭐한다고 이제 나오시우? 이리들 와 봐요. 콩이 제법 영글었네요. 하늘이 도와주시면 콩 농사는 풍작이겠는데…"

가뭄이나 장마를 염두에 두고 하는 젬마의 걱정이다.

주일 첨례를 지난 뒤 고동진은 아침만 먹으면 집을 나가 한나절이 지나도록 돌아오지 않았다. 밭일을 거들고 아이들도 곧잘 데리고 놀던 그가 어디를 다니는지 로사가 물어도 꾹 다문 입을 열지 않았다. 루치아도 은근히 염려가 되는 눈치였지만 걱정하는 로사의 등을 가만히 쓰다듬을 뿐이었다. 남정네의 온기가 보태져서 제법 훈훈하던 집안은 화창한 날씨와 달리 어두운 기운이 감돌았다.

뒷산에서 매미가 활기차게 합창을 하는 날 루치아는 방물 바구니를 이고 집을 나선다.

"형님, 삼복더위에 거리 다니시다 더위 잡수시면 어쩌려구요. 좀 선선해지면 떠나시지요."

로사가 말리자 루치아는 웃음을 흘리며 손사래를 친다.

"흐흐흐… 걱정 마시게. 평생 추우나 더우나 날씨 가리지 않고 다녀도 이 나이까지 잘 살았네. 내가 한동안 안 나타나면 단골들이 기다려. 부탁한 물건도 있으니 제때에 가져다주어야지."

장사를 떠나는 루치아에게 잘 다녀오시라고 절을 한 뒤 고동진은 아랫마을 길로 내려간다. 로사는 어디 가느냐고 묻는 대신 그의 뒷모습을 배웅하며 남편이 마음의 평화를 찾기를 간절한 마음으로 염원한다.

고동진은 뒤통수에 아내의 시선을 느끼면서도 돌아보지 않는다. 몇 달을 헤매다 가족을 만났을 때는 안도감과 기쁨으로 다른 생각을 할 겨를이 없었다. 게다가 처와 자식이 주변의 도움으로 배곯지 않고 살고 있는 게 여간 고맙지 않았다. 그러나 주일 첨례를 지나고 온 뒤 그의 마음은 흔들리기 시작했다. 그날의 성경 말씀은 포도나무 이야기였다.

"나는 포도나무다. 가지가 포도나무에 붙어 있지 않으면 스스로 열매를 맺을 수 없는 것처럼, 너희도 내 안에 머무르지 않으면 열매를 맺지 못한다. … 너희가 내 안에 머무르지 않으면 잘린 가지처럼 밖에 던져져 말라 버린다. 그러면 사람들이 그런 가지들을 모아 불에 던져 태워 버린다."(요한 15,4-6 참조)

그 말씀을 듣는 순간 고동진의 심장이 쿵, 내려앉았다. 자신은 이미 포도나무를 떠나 잘린 가지가 된 게 아닌가. 언젠가는 불에 태워지고 말리란, 생각이 스치자 전신에 전율이 일었다. 그건 자신만의 문제가 아니었다. 로사와 순돌이가 평생 배교자의 가족이란 딱지를 달고 살아갈 게 뻔하다. 배교자의 아내, 배교자의 아들.

고동진은 몇 날 며칠 거북산 꼭대기에 올라가, 장형 몇 대에 손을 들고 만 자신의 비굴함이 수치스러워 가슴을 쾅쾅 치며 울었다. 아내에게 차마 그 사실을 털어놓을 수가 없어 고민하던 그는 김 회장을 찾아가 고백하기로 마음먹었다. 아무 기별이나 약속도 없이 큰 대문을 들어서는 그를 가족인 듯 반기는 사람은 칠복이다.

"아저씨! 웬일이세요?"

"어…. 나 회장님 뵙고 싶어 왔는데 뵐 수 있을까?"

"지금 경당에 계시는데 이리 오세요."

칠복의 안내로 뒤껼 경당으로 들어간 고동진은 김 회장 앞에 무릎을 꿇고 앉자마자 눈물을 쏟는다. 이미 짐작한 바가 있는 김 회장은 잠자코 고동진의 울음이 그칠 때까지 기다린다. 이윽고 울음을 그친 고동진이 비로소 입을 연다.

"회장님! 제가 배교를 했습니다. 포청에 가기 전에 도망쳤다는 말은 거짓이었어요. 장형이 너무 아프고 무서워서 그만…. 용서해 주십시오."

"루카 형제님, 제가 무슨 권한으로 형제님을 용서하고 말고 하겠습니까? 배교를 뉘우친다면 신부님께 고해성사를 받아야겠지요. 성사야 지금 여의치 않으니 열심히 기도와 봉사로 보속을 하십시오."

"이제라도 포청으로 가서 자현(자수)을 하고 치명을 하겠습니다."

"그야 형제님의 뜻이니 누가 말리겠습니까? 그보다 먼저 고해성사를 보는 게 순서일 듯싶네요. 신부님 두 분 모두 지방에 계시니 한양에 오실 때를 맞춰 저랑 함께 가도록 합시다. 치명에 대해서는 그때 신부님께 말씀드리는 게 좋겠습니다."

"네…. 그리 하겠습니다."

"이제는 고민 그만하시고 보속하는 마음으로 자매님들 일 거드세요. 이 마을에는 아직 품을 팔 일이 더러 있으니 그 일을 하시던가…"

고동진은 한결 가벼운 발걸음으로 윗마을로 향했다.

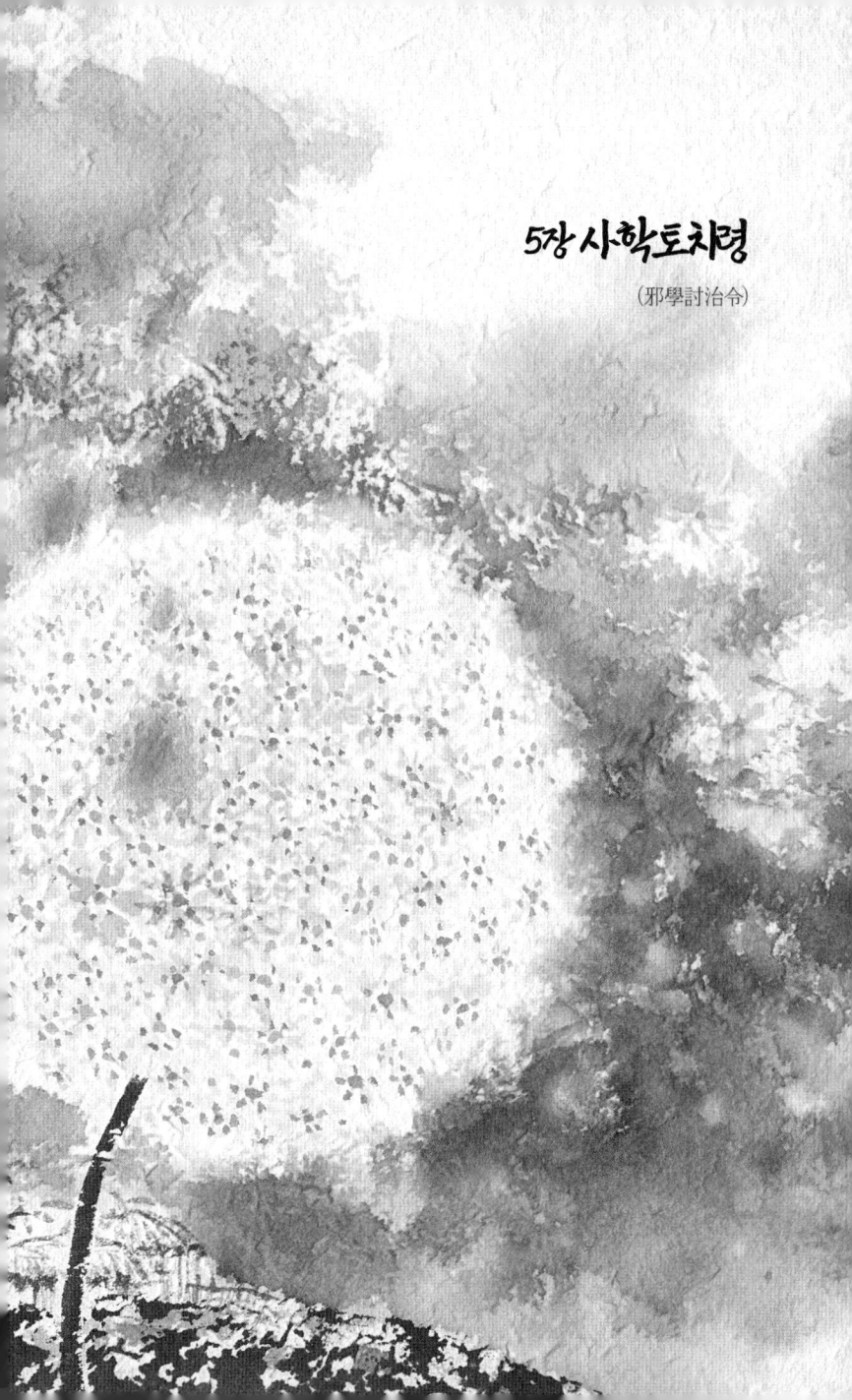

5장 사학토치령
(邪學討治令)

"꽃님아, 니 이름이 뭐여?"

칠복이는 꽃님이와 눈을 맞추려 애쓰면서 다그친다. 얼마 안 있으면 애 어미가 될 처지이면서도 꽃님이의 물색없음은 가관이었다. 칠복이 보기에는 그랬다. 홀몸이 아니라고 주변에서 위해 바치니 아주 공주라도 된 줄 아는 모양이었다. 아무 데서나 퍼질러 자고, 탐식은 여전하며 물레질이나 수를 배우라고 유마리아와 자매들이 불러 앉히면 딴짓거리 하기 일쑤였다.

"니 이름이 뭐냐니께? 니 이름도 까먹었어?"

"아녜스. 내 이름은 아녜스여."

"야, 이 빙충… 니 이름은 아녜스가 아니고 꽃님이잖아. 아녀?"

"엄니가 아녜스라고 혔어."

"그려. 세례 받을 때 너나 내가 새로운 이름을 받은 건 맞어. 그래도 저잣거리에 나가서 누가 물으면 반드시 꽃님이라고 혀야 혀. 알겄제? 허긴 배부른 아녀자에게 누가 이름을 묻겄어. 그래도 만약을 위해 그러닝께 입조심하더라고. 알아들었어?"

"알았다고. 포졸들이 물어도 말 안 할겨."

"포졸을 워디서 봤어? 우리 집 근처에 포졸들이 왔다 갔겨?"

"응, 저잣거리에 포졸들 많이 댕겨. 천주학쟁이 잡으러 다닌다더만."

"너는 배부른 여편네가 저잣거리까지 다니는 겨?"

"머 워뗘? 거기 가문 재미진 거 많어."

"어이구 답답. 말따 아주머니 도와 부엌일을 배우든가 다른 언니들처럼 물레나 바느질을 배워야 담에 애기 나면 옷도 지어 주고 할 거 아녀? 어쩌자고 맨날 싸돌아다니기만 하능겨? … 좌우 단간 입조심혀! 우리 집에 교우들이 있다는 거 발각되는 날이면 너부터 오랏줄을 받아야 하는 겨. 알아들어!"

이미 꽃님이의 마음과 정신은 칠복이를 떠나 멀리멀리 나비처럼 날아다니고 있었다. 칠복이는 동생의 그런 모습을 눈치채고 입맛을 다시고 돌아선다.

칠복이가 꽃님이를 닦달질하는 데는 이유가 있었다. 저잣거리마다 사학토치령(邪學討治令) 방이 나붙은 까닭이다. 순조 때 잠시 주춤하던 박해가 순조 승하 이후 여덟 살의 헌종이 즉위하여 순원왕후가 수렴청정을 시작하며 다시 시작된 것이다. 구산이나 마장동 경당에는 여전히 기도 모임이 계속되었으나 모두가 숨을 죽인 듯 조심스럽게 이어졌다.

한양 여신도 회장인 현경련과 그 가족들이 모두 체포되었다는 소식을 듣고 루치아가 마장안에 들렀다.

"가롤로는요? 그도 체포되었답니까?"

김 회장은 다급한 음성으로 묻는다.

"가롤로는 샤스탕 신부님을 모시고 전라도에 가서 화를 면했다네요."

"불행 중 다행이네요. 거참! 현경련 회장님과 의논 중이던 일은 수포로 돌아가게 생겼군요. … 성물도 모두 압수되었겠지요?"

"그렇겠지요. 집에 들러 보니 태풍이 휩쓸고 간 거 같더만요."

웃음이 사라진 루치아의 얼굴은 몇 년은 더 늙은 듯 초췌해 보인다.

"아녜스하고 골롬바가 얼마나 극심한 고문을 당했는지 에고…. 그들의 오라버니 안토니오의 행방을 대라며 추문을 했답니다. 그들이 동정녀인 줄 안 포졸들이 자백을 받아 내려고 옷을 다 벗긴 뒤 흉악한 남자 죄수들만 있는 감방에 넣었다지 뭡니까? 발가벗은 두 처녀들의 신심을 포악한 죄수들도 알아봤는지 털끝 하나 다치지 않고 이틀 밤을 보냈다지 뭡니까? 성신의 도우심이었겠지요…."

루치아는 눈물 반 한숨 반으로 체포된 교우들의 소식을 전한다.

김효주, 효임 자매는 천주교에 입교한 뒤 동정을 지키기로 결심하고 처녀이면서도 쪽을 지고 다녔다. 또래의 자매들, 글라라, 아가타, 로사, 마르타와 함께 마장안 집에 머물며 옥에 갇힌 교우들을 위해 열심히 기도했다. 효주, 효임은 집안이 부유해 주거에 문제가 없지만 다른 자매들은 그렇지 못해 김 회장이 거두고 있었다. 사학토치령 이후 마장안이 더 이상 안전하지 않다고 여긴 김 회장은 자매들에게 거처를 옮기도록 하여 효주, 효임은 한양에서 80리 떨어진 용머리 오빠네 집으로 가고 다른 자매들은 정하상이 선교사들을 위해 마련해 놓은 집 여기저기로 흩어졌다. 헌데 용머리에서 효주 자매가 체포되었다니 김 회장으로서는 가슴을 칠 노릇이었다.

이렇게 시국이 뒤숭숭한 가운데 꽃님이는 아들을 순산했다. 칠복이 말에 따르면 '배는 불러가지고 한양 곳곳 안 가는 데 없이 싸돌아다니더니' 달을 다 채우지 못하고 해산을 한 것이다. 성희가 산모의 몸을 보하는 탕약을 지어 주어 칠복이가 정성껏 달여 먹였다. 아기는 심 서방 댁네 말따와 마리아의 세심한 돌봄으로 탈 없이 자라고 있었다.

첫이레가 지난 뒤 김 회장은 성희를 대부로, 꽃님이 아들에게 요한이란 세례명을 지어 주었다. 요한으로 새로 태어난 아기는 까놓은 밤톨처럼 깨끗하고 인물이 좋아 주변의 사랑을 받았다. 꽃님이는 애어미가 되었어도 달라진 게 없었다. 산후조리 제대로 해야 한다고 유마리아가 잡아 앉히면 어느새 거리로 나가고 없었다. 요한은 어미젖을 두고 암죽을 먹는 경우가 더 많을 지경이었다.

*

김성우 회장은 체포되는 날을 기다리듯 갓을 갓집에 넣어 보관한 뒤 늘 맨 상투에 망건만 두르고 다녔다. 아침이면 풍성한 수염을 기품 있게 다듬던 수염 빗도 서랍장에 넣어 둔 채 사용하지 않았다. 손에서 놓지 않던 곰방대도 어느 날부터인가 보이지 않았다. 칠복이는 그런 일들이 왠지 불길한 징조인 것만 같아 불안했다.

　그의 얼굴에는 두려움이나 불안의 기색은커녕 평온했으며 낯빛은 날이 갈수록 환해졌다. 그리고 자주 옥에 갇힌 이들을 들여다보았다.

　"아버지! 이렇게 포도청 주변을 다니시다가 체포되면 어쩌시려구요? 갇힌 교우들 돌보는 일은 저를 시키세요."

　칠복이는 넌지시 권해 본다.

　"너는 위험하지 않고? 비오야, 치명은 신앙의 꽃이란다. 치명을 당하면 오히려 기뻐해야지. 천주님을 뵐 수 있으니까 말이다. 그뿐이냐? 먼저 가신 신앙의 선조들과 옥에서 선종한 이호영 베드로도 만날 수 있으니 얼마나 좋은 일이냐? 너도 그런 각오로 믿음을 더욱 굳게 가져야 한다. 알겠느냐?"

　"네, 아버지."

"예전에 황일광(시몬)이란 어른이 계셨느니라. 그분은 백정이어서 누구에게나 홀대를 받으며 사셨지만 아주 영민하고 마음씨 착한 분이었다고 한다."

천주교인 집에 고기를 대 주던 인연으로 입교한 뒤 그는 동생들을 데리고 고향인 홍주를 떠나 경상도로 이사를 했다. 신앙생활을 열심히 하기 위해서였다. 후에 한양으로 옮겨 당대에 유명하던 정약종 집에 나무를 대주며 신앙의 깊이를 키웠다. 일반인들은 백정이라고 말도 섞지 않고 피하던 자신을 교인들은 형제로 받아들였을 뿐 아니라 밥도 한 상에서 먹게 해 주었다. '허참! 천당은 하늘에만 있는 줄 알았더니 지상에도 천당이 있네 그려.' 그가 남긴 이 말은 두고두고 후세에 전해진다. 어느 날, 정약종 댁에 땔나무를 해 나르다가 포졸에게 잡혔는데 모진 고문에도 굴하지 않고 마침내 45세의 나이로 참수를 당했다.

칠복이는 마치 자신의 집안 어른인 양 절절한 아픔과 자긍심으로 고개를 주억거린다. 김 회장은 의연하게 황일광의 일화를 들려주다가 주춤 걸음을 멈추듯 밖으로만 내닫는 생각을 안으로 가다듬는다. '나는 어떤가? 나는 진심으로 순교를 신앙의 꽃으로 여기며 그날을 기다리고 있는가? 과연 그런가?'

수개월 전 아들 성희와 동생들과 함께 체포되었을 때의 공포감은 두고두고 그를 수치스럽게 만든다. 옥에 갇히기도 전에 아내가 손을 써서 석방되기는 했지만 돈으로 목숨을 구걸한 듯한 자괴감과 혐오감으로 며칠 괴로웠던 기억이 새삼 떠오른다.

"안당(안토니오), 당신은 당신 혼자만 생각하면 안 되잖아요. 당신 손으로 인도한 많은 신자들도 거둬야 하고, 전교 회장으로 해야 할 일이 어디 한두 가지인가요? 설희 아범도 그래요. 어린아이도 있고 한의원이 육신의 병만을 낫게 하는 의술이던가요? 교우들의 연락처도 되고…"

풀려나서도 반색하지 않고 입맛을 다시는 그의 안색을 살피던 아내 유마리아의 말이었다.

"수십 명의 사람을 인도한 분도 천주님이요, 회장으로 할 일을 주신 분도 천주님이니 내가 없다 한들 무슨 대수겠소."

말은 그렇게 했지만 그의 심중에 복잡하게 얽히던 인간적인 감정을 그녀는 짐작도 못했으리라. 그렇다 해도 그는 아내를 원망할 마음은 없다. 전실 자식 잘 키워 출가를 시킨 데다 성희에게 한의학을 배우도록 권한 사람도 아내다.

'농사는 누구나 할 수 있지만 사람 농사는 아무나 할 수 있는 게 아니다. 의술로 육신의 병도 낫게 하고 육신의 병을 다스리다 보면 마음도 낫게 할 뿐 더러 불쌍한 영혼들을 천주님께 인도하는 좋은 기회가 될 수 있다. 따라서 한의원은 교우들이 오가며 소식을 주고받을 수 있는 안전한 사랑방 구실을 할 수 있을 게다.'

아내의 현명한 생각과 권유대로 성희는 제법 침술을 인정받는 한의사로 성장하고 있었다.

"아버지! 가막소 다 왔는데요?"

생각에 잠긴 채 걷고 있던 그는 칠복이의 말에 퍼뜩 고개를 든다. 포도청 근방은 들꽃이 질펀하게 깔려 단내가 코끝에 감기는 듯하다. 참으로 무심한 자연이다. 그 또한 천주님의 섭리이리라. 목전에서 벌어지는 처참한 살육의 현장에도 천주님이 함께하심을 알리는 전령이 아닐까? 김성우는 그리 생각하고 싶다.

칠복이가 포졸에게 몇 닢의 엽전을 쥐어 주고 옥사에 들어가 교우들에게 집에서 지고 온 밀개떡과 삶은 감자, 고구마를 돌리는 동안 성우는 한편에서 유진길과 마주 앉을 수가 있었다.

"사형!"

김성우는 다음 말을 잇지 못한다. 유진길은 사제 영입을 위해 정하상과 함께 중국의 국경을 넘나들며 교황에게 편지를 보내

마침내 두 명의 사제와 주교를 조선 땅에 모신 장본인이 아닌가. 역관이던 유진길은 같은 남정네가 봐도 한 번 더 눈길을 주게 되는 용모에 박식함으로 다져진 인품이 남다르던 인물이다. 헌데 지금은 어떤가. 흩어진 머리채와 피 묻은 입성으로 영락없는 죄인의 행색이다. 매질에 터진 상처가 덧나 악취마저 풍긴다. 그런 사람에게 고초가 많지요, 얼마나 아프십니까, 많이 야위셨습니다, 이런 말들이 무슨 소용이며 무슨 위안이 될 것인가. 말의 부질없음이 절절하게 느껴지는 순간이다.

"이 더위에 뭐 하러 오셨는가?"

"체포되었다는 소식은 진작에 들었습니다만…. 모방 신부님께서 마장안 저의 누옥에 계시다 엊그제 떠나셨습니다…"

그로써 면회가 늦은 사유는 유진길에게 충분히 전달된다.

"그래 신부님께선 강령하시던가요?"

"예에, 그런대로…"

김성우는 모방 신부가 다녀가던 시기의 일들을 상세히 이야기한다. 부활절에 구산에서 세례 받은 남녀 교우가 아홉 명이며, 용막골 교우들도 내려와 고해성사를 받았는가 하면 한양에 거주하는 교우들도 모두 고해성사를 보고 성체를 모셨다는 말을 전해 들은 유진길의 얼굴에 잠시 미소가 번진다.

"저어… 하상도 체포되었다 들었습니다. 아직 어느 청에 있는지는 확인하지 못했지만…"

예상하고 있었다는 듯 유진길은 보일 듯 말 듯 고개를 주억거린다. 외국 사제들의 거처를 대라며 심한 매질을 해도 함구했지만 그들의 안위도 장담할 수 없는 상황임을 유진길은 짐작하고 있다.

"내 형제님께 부탁이 한 가지 있소만…"

유진길이 오래 망설인 끝에 입을 연다.

"네, 말씀하십시오."

"대철이가 이 옥사 어디에 있는 모양이오. 혹여 만나게 되면 절대 배교하지 말라고, 기꺼이 치명하여 천국에서 만나자고…"

혈육의 정은 어쩔 수 없는지 강인한 유진길도 목이 메어 다음 말을 잇지 못한다. 열여섯의 어린 나이, 천주학을 반대하는 어머니의 회유와 박해에도 굴하지 않고 꿋꿋하게 신앙을 지킨 젊은이가 바로 유진길의 아들 대철이다.

'어머니 말씀 다 맞고, 어머니 말씀을 들어야 한다는 것도 알겠습니다. 그러나 순서가 있습니다. 아버지 말씀보다는 할아버지

말씀을 먼저 들어야 하고, 할아버지 말씀보다는 천주님 말씀부터 먼저 들어야 합니다.'

천주학을 믿지 마라, 천주학을 믿으면 다 죽는다, 너도 죽는다, 내 말 듣고 너는 자손을 번창하게 하여 가문의 대를 이어야 한다고 설득하는 모친에게 공손하게 답했다는 유대철의 말은 교우들 사이에 두루 회자되고 있었다. 대철은 부친 유진길이 잡히자 자신도 천주학을 믿는다며 스스로 포도청을 찾았다. 그 부친에 그 아들이 아닐 수 없다.

"알겠습니다. 제가 대철이를 찾아 전하겠습니다."

포졸의 재촉에 그들은 아쉬운 작별을 한다. 김성우는 핏물로 얼룩진 바지춤을 잡고 절뚝거리며 옥사로 들어가는 유진길을 사랑과 신뢰와 아픔이 뒤섞인 착잡한 눈길로 배웅한다. 늘 깔끔하던 상투머리는 흐트러지고 핏물과 땀에 절어 있다. 김성우는 이윽고 발길을 돌린다. 칠복이도 주먹으로 눈가를 훔치며 옥사를 나선다. 교인들이 힘겹게 성호경을 그으며 그들을 배웅한다.

한여름 땡볕에 맨건 차림으로 걷고 있는 성우에게 칠복이 삿갓을 건네 보지만 돌아보지도 않는다. 집에 돌아온 그는 점심상을 그대로 물린 뒤 곧장 뒤채 사랑방으로 들어간다. 좁은 옥사에서 해골과 다름없는 모습으로 피고름이 흐르는 상처의 아픔과 굶주림에 시달리는 교우들의 모습이 지워지지 않아 도무지 밥을 삼킬 수가 없었다.

"안당(안토니오), 우리들의 처참한 몰골에 과히 마음 쓰지 마시오. 어차피 죽으면 썩어질 육신 아니오? 우리네 본성은 영혼이 맑고 아름답게 빛날 때까지 연마하는 데 있거늘…"

그러므로 현재의 고통은 영혼을 연마하는 과정이라는 의미 같았다. 성우는 유진길의 말을 곱씹으며 무릎을 꿇고 깊은 묵상에 잠긴다.

과연 이런 상황들이 천주님의 뜻인가. 인간을 사랑하셔서 당신의 아드님까지 세상에 보내 인간을 구원하신 천주님이 아닌가. 사랑과 선함 그 자체이신 분께서, 당신을 섬긴다는 이유 하나만으로 처절한 고통으로 죽어 가는 교우들을 어째서 보고만 계실까? 새삼스런 의문도 그를 혼란스럽게 만든다.

하지만 천주님께서는 자연을 거스르지 않으시는 분이 아니신가. 시대의 이 참혹한 현실은 인간이 벌인 일일 뿐 천주님께서는 결코 당신 자녀들이 고통받는 걸 원하지 않으실 게다. 아마도 천주님께서는 고통받는 교우들과 함께 아파하며 눈물을 흘리실

터. 김성우는 깊은 묵상을 통해 아픔과 위안을 함께 느낀다.

오는 길에 만난 유대철의 참혹한 모습도 내내 눈에 밟힌다. 자주 본 건 아니지만 용무가 있어 유진길의 집에 들르면 글을 읽다가도 나와 단정히 예를 갖추던 대철이는 부친 유진길을 닮아 수려한 용모였다. 평소의 그 용모는 찾아볼 수 없는 모습. 피멍이 든 볼과 헝클어진 머리칼, 입술은 부르터서 말도 제대로 하지 못했다. 부친 유진길의 간곡한 당부 말씀을 전하자 대철은 당연한 일이라며 결의를 다져 보였다. 부친을 만나고 싶으면 손을 쓰겠다는 성우의 말에 대철은 손사래를 쳤다.

"이런 모습을 부친께 보이는 것도 불효겠지요. 행여 다시 아버님을 뵐 기회가 되시면 걱정 마시라고 전해 주십시오."

고통 중에서도 의연한 유진길 부자를 보며 성우는 남모르는 수치감에 얼굴이 달아올랐다. 선조들의 은덕으로 어린 시절부터 장년에 이르기까지 그는 궁핍이 무언지 모르고 살았다. 천주교에 입교한 뒤에도 별로 달라진 게 없었다. 이웃에게 먹거리를 나누는 건 그저 하나의 가풍 혹은 습관 같은 게 아니었는지? 아니, 오히려 자기만족 내지는 교만함의 죄를 범한 건 아닌지. 성찰하면 할수록 뼈아픈 통회의 눈물만 폭포가 되었다.

*

 옥사로 돌아온 유진길은 양옆의 수인들이 비워 주는 자리에 힘겹게 앉는다. 여기저기 멍이 들고 찢어지고 곪아 몸을 움직이는 대로 날카로운 통증이 저절로 신음을 토하게 만든다. 김성우 앞에서 내색을 않으려고 참았던 신음이 한 번에 터져 나오듯 입이 딱딱 벌어질 지경이다.

 온갖 회유에도 꿈쩍 않고 오히려 조리 있게 반박하는 그에게 돌아오는 건 당연히 심한 매질이었다. 살갗이 벗겨지도록 너덜너덜해진 상처에서 피고름이 흐르며 쓰리고 아프면 아플수록 희한하게도 정신은 맑아지고 비상이라도 할 듯 육신은 가벼워지는 느낌이다. 하지만 느낌은 느낌일 뿐 그런 순간이 지나면 무겁디무거운 육신은 땅으로 잦아들 듯 고통스럽다.

 "형제님! 이거라도 씹으면 통증이 좀 잊힐 거요."

 곁에 있는 교우가 그에게 밀개떡을 내민다. 칠복이 나눠 준 밀개떡을 유진길의 몫으로 챙겨 둔 모양이다.

 "난 괜찮소. 형제님이나 더 드시오."

 조심조심 자리에 누운 유진길은 깊은 숨을 토하며 눈을 감는다. 감은 망막 위로 아들 대철이의 얼굴이 떠오른다. 어려서부터 유난히 총명하고 사려가 깊던 아이였다. 시키지 않아도 집에 있는 서책을 차례로 읽어 나가던 어느 날 대철이 그에게 물었다.

"아버지, 생혼과 각혼이 무엇입니까?"

"그 말을 어떻게 알았더냐? 네가 천주실의를 읽었더냐?"

"네, 아버지가 중국에 가셨을 때 서가에 있기에 읽었습니다. 그 뜻이 궁금해서 아버지 돌아오실 때까지 애써 참으며 기다렸습니다."

"그랬느냐? 그 책 안에 있던 내용은 모두 이해했느냐?"

"웬걸요. 미욱한 제가 어찌 그 내용을 다 이해하겠습니까?"

"쉽게 풀이하면… 생혼이란 초목(草木)에 있는 혼으로서 나서 자라기는 하지만 알고 깨닫지는 못하는 것이요, 각혼이란 짐승들에게 있는 혼으로서 알고 고통을 느낄 수는 있지만 의로운 이치와 옳고 그름은 모르는 것이며, 영혼은 사람이 지닌 혼으로서 나게도 하고 자라게도 하고, 알고 깨닫도록 하며, 옳고 그름을 분별하고 도리를 따질 수 있게 해 주는 것이란다. 그러니 만물 가운데 오로지 사람이 가장 귀하며 사람을 귀하게 여기는 건 그 혼이 영험한 때문이니라."

"아, 그렇군요. 그러니 동물이라도 하찮게 여기며 함부로 해서는 안 되는 거네요. 헌데 식물에도 혼이 있다면 우리가 먹는 채소는요?"

"천주님께서 인간을 창조하실 때 모든 피조물은 사람을 위해 존재케 하셨느니라."

"먹거리는 그렇지만 들꽃이라도 함부로 꺾거나 짓밟으면 안 되겠네요."

사내 나이 열여섯. 성혼을 해도 이르지 않을 나이였다. 안 그래도 문중에서는 행여 장손인 아비의 사상에 물들 새라 대철이의 성혼을 서두르던 차였다. 세속의 일들이 마음에 쓰일 리는 없지만 아직 채 영글지 않은 아들의 사대육신이 고문을 당한다는 생각을 하면 자신이 당하는 고문 이상의 고통이다. 더욱 마음이 쓰이는 건 행여나 육신의 아픔을 못 이겨 배교를 하면 어쩌나, 그래서 천국을 눈앞에 두고 나락으로 떨어지면 어쩌나 하는 걱정이었다. 유진길은 도리머리를 하듯 육정의 쓰라림을 털어 낸다. '만사 내 뜻대로 되는 게 아니거늘, 마지막을 눈앞에 둔 터에 웬 걱정이람. 대철이도 애초 천주님께서 품었으니 당신의 섭리로 거두실 터.' 자식의 걱정을 온전히 그분께 내어 맡기는 순간, 처음 천주님을 영접하던 순간의 눈부심이 어제의 일인 듯 눈앞에 펼쳐진다. 지식에 목마르던 시절 유진길은 닥치는 대로 책을 섭렵했다. 대대로 역관 집안이라 중국에서 원하는 책을 들여오는 일은 어렵지 않았다. 유교, 불교, 성리학에 이르기까지 두루 파고들었으나 성에 차지 않았다. 늘 지적 목마름으로 헤매던 그는 우연히 마테오리치 신부의 천주실의를 손에 넣은 뒤 천주학에 깊은 관심을 가지게 되었다. 은밀히 천주교 교우를 찾던 중 성직자 영입 운동을 전개하던 정하상을 만나게 되었고 그가 가르쳐 주는 대로 아침저녁 조과(아침기도) 만과(저녁기도)를 열심히 바치며 십계명을 따랐다.

어느 날, 정하상이 그를 찾아왔다.

"아시다시피 주문모 신부님 순교 이후 조선에는 삼십여 년이나 사제가 없었습니다. 해서 이번 동지사에 중국으로 가서 주교님을 찾아뵙고 부탁을 드리면 좋겠다는 생각을 했습니다. 사형은 역관이시니 가시기 수월하실 텐데…"

하상의 말이 채 끝나기도 전에 유진길은 곧장 동의를 했다.

"나는 어렵지 않은 일이오. 다만 그대는…"

"저는 사형의 종으로 따라가는 걸로 하면 어떨까요?"

그렇게 의기투합한 그들은 그해 겨울 얼어붙은 두만강을 건넜다. 베이징에 도착한 뒤 대면한 주교는 유진길의 천주교 교리에 대한 박식함과 신앙에 대한 갈망에 감탄하여 바로 세례를 주었다. 그 순간의 감격과 기쁨은 세월이 흘러도 퇴색되지 않는 유화처럼 생생하다.

'이것을 받아 먹어라. 이는 너희를 위하여 내어 줄 내 몸이다.'
'이것을 받아 마셔라. 이는 너희를 위하여 흘릴 내 피다.'

성체를 받아 모시는 그 순간, 유진길은 마치 예수의 피가 전신의 혈관을 통해 피돌기를 하는 것처럼 느꼈다. 그 눈부심과 가슴 벅차게 차오르던 기쁨. 유진길은 숙소에 돌아왔지만 잠을 이룰 수가 없었다. 그는 무릎을 꿇고 기도했다.

'천주님! 이 죄인을 세례로 이끌어 주신 은혜에 감사드립니다. 이 놀랍고 벅찬 기쁨을 많은 이들이 누릴 수 있는 기회를 주십시오. 부디 조선에 사제들을 보내시어 어둠 속에서 살고 있는 사람들에게 성체를 모시는 기쁨을 누릴 수 있도록 하여 주소서…'

그는 자신의 기쁨에 그치지 않고 조선의 교우들이 이런 기쁨을 누릴 수 있게 되기를 간절히 기도했다. 그 감동이 정하상과 더불어 교황청에 사제를 보내 달라는 서신을 보내는 원동력이 되었다.

상처가 채 아물기도 전에 유진길은 다시 불려 나가 동헌 마당에 꿇어앉았다.

"너는 관리로서 조정에서 금하는 사교를 믿었다. 그 죄를 인정한다면 천주교에 관한 서적들이 어디 있는지 대거라. 듣자 하니 외국인도 있다니 그들이 어디 있는지 이름이 뭔지 말하면 당연히 너는 방면이 되고 내가 상소를 올려 계급도 올려 주겠다."

"부질없는 세상의 계급 따위 저는 원하지 않습니다. 천주님께서 하늘과 땅의 최고 주인이시므로 저희는 그분을 믿어야 하며 경배해야 합니다. 제가 저지른 유일한 죄는 나라에서 금지한 가르침을 믿으므로 임금님을 속인 것입니다. 저의 죄는 이것 하나뿐입니다. 아는 교우 이름을 대라 하지만 그들 중 일부는 사형을 받았고 몇 명은 투옥되었으며 나머지는 바람처럼 흩어졌습니다. 제가 도성에서 나고 자랐다고는 하지만 어떻게 이 나라 안의 백성들에 대하여 무엇이나 다 알 수 있겠습니까? 만약 제가 대역죄를 지었다면 그것은 저 혼자만의 책임입니다."

"너는 국법을 어겼으니 반역 행위를 한 것이다. 그럼에도 불구하고 도무지 반성하는 기미가 없으니 엄한 벌을 받을 수밖에 없다. 할 말이 없느냐?"

"네, 앞으로 저는 더 이상 아무 말도 하지 않겠습니다."

유진길은 몇 번 더 불려 나갔지만 공언한 대로 어떤 문초에도 대답을 하지 않아 살가죽이 찢겨 나가고 여기저기 뼈가 부러질 정도의 심한 고문을 받았다.

*

"아버지! 현석문 아저씨 오셨는데요…. 아버지!"

"누가 왔다고?"

"현석문 아저씨요."

"어서 이리로 모셔라."

옥에 갇힌 교우들을 위해 묵주 신공을 바치며 십자가의 의미를 묵상하던 김 회장은 비로소 현실로 돌아온다. 묵주를 손에 든 채 사랑채 미닫이를 미는 순간 현석문이 마루로 풀썩 오른다. 언제 봐도 명쾌하여 보는 사람으로 하여금 미소를 짓게 만들던 사람인데 오랜만에 보는 그의 모습은 초췌하기 이를 데 없다. 그간의 상심이 어떠했는지 짐작할 만하다.

"형님 그간 강녕하셨습니까?"

현석문이 깍듯이 허리를 굽힌다.

"어서 오게나."

그의 손을 덥석 잡는 김 회장의 눈자위에 붉은 기운이 돈다. 마치 오래 헤어져 있던 혈육을 만나는 심정이다.

"우리는 자네마저 체포된 줄 알고 몹시 걱정했네…. 얼마나 상심이 컸는가? 졸지에 가족을 모두 잃었으니."

"예, 시국이 이러니 어쩔 수 없지요…. 모두 천국에 갔으려니 여기면 다소 마음의 위안을 얻기는 하지만…. 저도 자현을 하려고 양감 마을에 계신 주교님을 찾아가서 제 심정을 아뢰었지요."

'가롤로! 힘들겠지만 자네는 살아남게. 살아서 이번 박해에 고통당하다 순교한 교우들의 기록을 남기게. 순교는 언제라도 할 수 있지만 교우들의 기록은 아무나 할 수 있는 게 아니지 않는가. 그게 나의 명령이자 교회의 명령일세….'

주교의 명령은 곧 교회의 명령에 다름 아니라 현석문은 주교님께 순명을 맹세하고 양감 마을을 떠났다.

"일전에 유진길 사형 면회 다녀왔는데 사형은 물론 교우들의 모습이 어찌나 참혹하던지…"

현석문이 이해한다는 듯 고개를 주억거린다.

"부친께서 신유박해에 순교하신 때가 제 나이 다섯 살이었어요.

그때는 천방지축 나이인 데다 관아의 포졸들과 오가작통법에 혈안이 되어 있던 이웃들 눈을 피해 숨어 사느라 이런저런 생각할 겨를이 없었지요. 그런데 모친과 누님이 그 와중에도 틈틈이 숨어서 기도하시면서 그때마다 나도 무릎을 꿇게 했지요. 어느 날 어머니께 물었어요. 아버지께서 그런 끔찍한 일을 당하셨는데 왜 우리는 맨날 기도만 하느냐고요. 휘광이의 칼날에 목이 떨어지던 아버지의 마지막을 보았거든요. 그게 어린 나이에 얼마나 충격적이던지…"

김 회장은 침통한 얼굴로 으흠, 신음만 삼킨다. '이 친구는 그 충격을 견디었구나. 나는 옥사에서 고생하는 교우들 모습에 이렇게 마음이 산란했는데, 역시 현씨 가문의 후손은 다르구나.'

"어머니께서 말씀하시더군요. 너는 아버지께서 참수를 당했다고 해서 아버지가 아니라고 생각하느냐? 어떤 경우 어떤 상황에서도 아버지를 모른다고 하면 그 같은 패륜이 어디 있겠느냐? 하물며 천주님께서는 너의 아버지는 물론 우리 모두를 지어 내신 크고도 크신 아버지시니라. 그러니 현재 내가 고통스럽다고 그런 아버지께 고개를 돌리면 안 되지. 더욱더 기도하면서 힘을 구해야지. 예수님께서도 아버지께 순종하시면서 고통을 겪으셨기에 부활의 영광을 차지하신 거란다. 고통 없이 천주님을 섬길 수 있다면 얼마나 좋겠느냐만 사람이 등 따습고 배부르면 천주님 섬기기 쉽지 않다. 무슨 말인고 하면 예수님께서 그 혹독한 십자가의 고통을 당하셨기에 부활의 영광을 차지하신 거란 말이다…"

"참으로 훌륭하신 자당님이시네. 그러니 현경련 회장님이나 자네 같은 훌륭한 자손을 두셨겠지…"

"어떻게 하든 현재의 상황을 기록에 남기도록 하겠지만 만약 그걸 들키는 날에는 제 소임을 다할 수 없을 겁니다. 그래서 기록을 하는 대로 구산 형수님께 맡기겠습니다. 형님 내외분께서 잘 간수해 주십시오."

"여부가 있겠나. 아무 염려 말게나."

"하상 형님은 양근에서 체포되어 어제 한양 포청으로 이송되었다 들었습니다."

"그랬구나. 내일이라도 당장 면회를 가야겠구먼."

"조심하십시오. 교우들 면회도 잘 안 되는 모양입디다. 아, 그리고 저는 이름을 바꿨습니다. 이재영이라고. 현석문이 하도 유명해져서 그 이름으로는 운신하기 어려워서요. 허허허."

"어쨌거나 조심하게. 기록에 충실하자면 무엇보다 자네 안위가 우선 아니겠나."

*

"어머니, 저잣거리에서 꽃님이가 어느 포졸과 이야기하는 걸 봤어요. 보통 사이가 아닌 듯 아주 친해 보이던데요."

희자는 포졸과 아는 체하는 꽃님이의 헤픈 입이 염려되는 눈치다. 꽃님이는 이제 겨우 목을 가누기 시작하는 아들을 자랑스레 업고 다니는 게 일상이다.

'아이구 이놈 누굴 닮아 이리 잘생겼누.'

'누굴 닮았겠어? 반반한 에미 인물 닮았지. 아니, 에미보다 훨씬 잘났어. 까꿍! 이거 보게. 나 보고 웃었어. 요하니 웃는 거 보니 오늘 장사 자알 되겠네.'

꽃님이 아들은 이목구비가 반듯한 게 영락없는 귀공자다. 꽃님이는 그런 아들을 업고 온 동네는 물론 저잣거리를 쏘다니며 아들 자랑에 날 가는 줄을 모른다. 마음대로 세례명을 부를 수 없는 시국임에도 불구하고 꽃님이는 아랑곳하지 않고 우리 요한이를 입에 달고 살았다. 다행인 것은 저잣거리에서는 요한을 요하니로 알아듣고 모두 하니라 불렀다.

'하니 나왔나? 에고 예쁜 것.'

"걱정하지 마라. 괜찮을 게다. 그만한 식견은 있는 아이다."

유마리아는 바느질감을 내려놓고 희자를 그윽하니 바라본다. 요즘 들어 친정 나들이가 잦은 희자의 속내를 아는 터라 마음이 짠하다.

마리아가 김씨 집 장손의 재취로 들어왔을 때 희자는 돌도 채 안 되었다. 할머니와 유모가 지극정성으로 거두었지만 어디 생모의 손길만 했을까. 서둘러 재취를 구한 건 순전히 아이들 때문이었다. 돌계집이라고 초혼에 소박을 맞고 가난한 친정에서 눈칫밥을 먹던 유마리아는 두말없이 친정 올케의 권유를 받아들였다. 생전 보도 못한 아이의 우는 모습이 눈에 밟혀 거절하기 어려웠다. 만나기도 전에 눈에 밟히던 아기가 바로 희자였다. 희자는 유마리아의 빈 젖을 빨며 자랐으니 전처 자식이라는 생각은 없었다.

"희자야, 이리 자주 친정 나들이해서 되겠느냐? 시모님이 뭐라 안 하셔?"

"어머니 아시잖아요. 우리 시부모님은 천사라니까요."

"그래 두 분 모두 독실한 천주교 신자시니…"

꽃님이가 해산했다는 소식을 듣고 달려온 희자는 맛난 음식에 군침을 삼키는 표정으로 아이의 손을 만지고 볼을 쓰다듬었다. 출가한 지 이 년이 지나도록 태기가 없는 희자를 위해 오라비 성희가 탕약을 지어 주고 침도 놓아 보았지만 여태 소식이 없었다.

한낮이 기울어 모두 둘러 앉아 점심을 먹은 지도 한참이건만 꽃님이가 들어오는 기척이 없다. 또 어디 먹거리 상점에 퍼질러 앉아 아이 자랑하며 한술 얻어먹는 모양이다. 희자가 슬슬 시댁으로 돌아가야 하는 시간이다.

"칠복아! 나 요한이 보고 싶어 왔는데 여태 안 들어오네."

"예, 누님. 제가 나가서 찾아올게요."

이 화상은 죙일 어디를 쏘다니는 거여? 애 더위 먹이려고…. 칠복이가 구시렁거리며 대문 밖을 나선다.

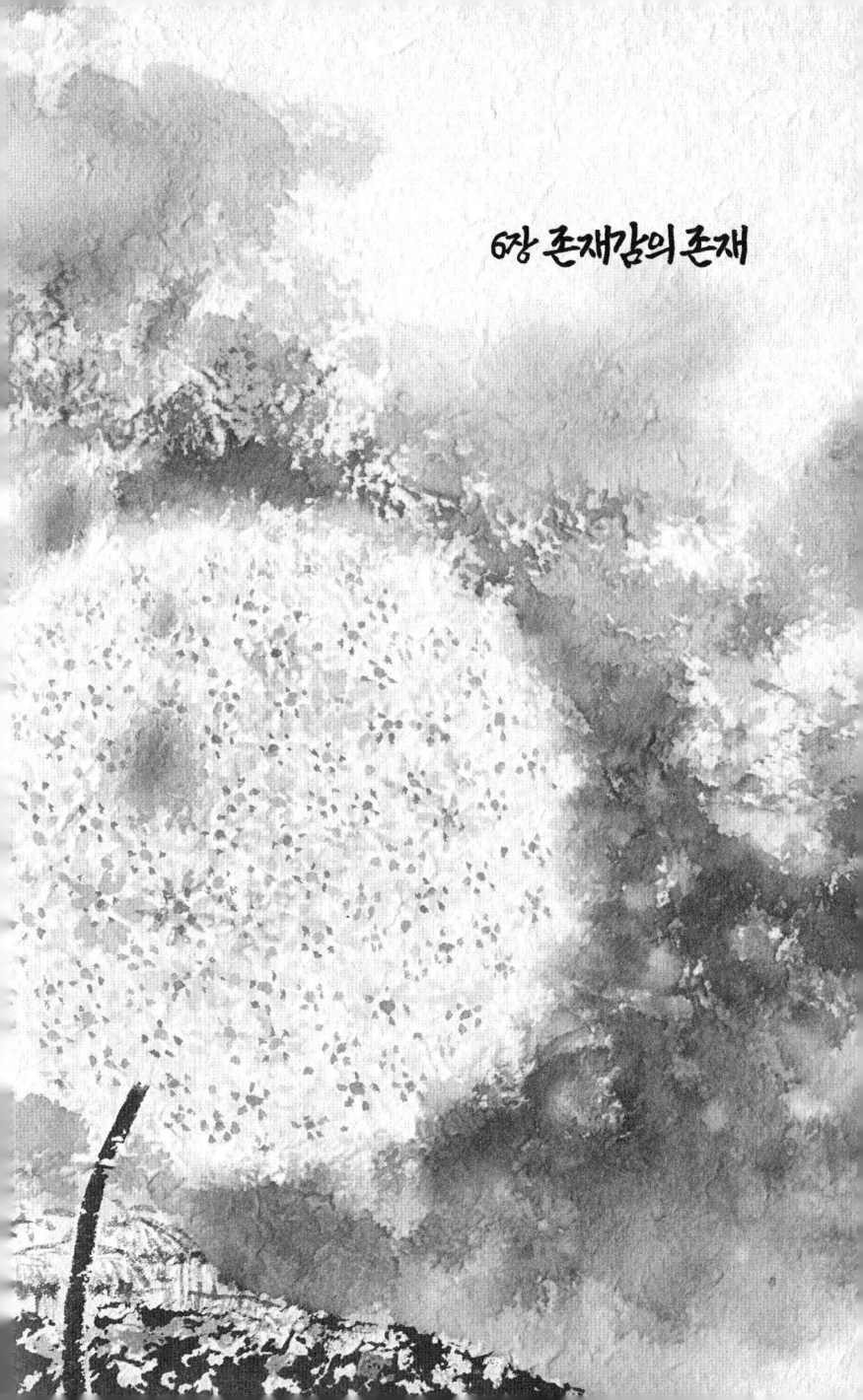

6장 존재감의 존재

"최 서방, 자네가 웬일인가?"

열린 대문으로 불쑥 들어오는 소금장수 최 서방을 보자 심 서방이 화들짝 놀라며 묻는다. 특별한 부탁이 없는 한 김 회장 댁에 발걸음을 잘 안 하는 사람이었으니 그가 놀라는 것도 무리가 아니다.

"저…. 나루터 교우가 급히 전하라는 말씀이 있어서요."

한양에서 오는 길이라면 의당 제집에 지게를 벗어 놓고 와야 할 일이건만 얼마나 급했는지 최 서방은 등에 무거운 소금가마를 진 채였다.

"무슨 일인가?"

사랑방에 있던 김 회장이 댓돌 위로 내려서며 묻는다. 심상치 않은 두런거림을 방에서 들은 모양이다.

"예, 어르신. 모방 신부님께서 자현(자수)하러 오시는 길에 마장안 댁에 잠시 들르신다고 어르신도 급히 오시라고 전하랍니다."

"알겠네. 헌데 신부님께서 자현이라니?"

"저도 자세히는 모릅니다. 빨리 전하라 해서 장사도 제대로 못하고 배를 탔습니다."

"수고했네. 점심은 먹었는가? 예서 한술 뜨고 가게나. 어서 안채로 들게."

그제야 최 서방은 무거운 소금가마 지게를 벗어 놓는다.

"아무래도 심상치 않네요. 앵베르 주교님께서 잡히셨다더니 신부님들까지 위험에 처한 모양이지요?"

심 서방이 근심에 찬 얼굴로 거든다.

"심 서방, 자네는 윗마을 가서 순돌 아버지 데리고 오게. 바로 한양으로 가야겠네. 아, 그리고…. 아니네. 어서 다녀오게."

최 서방의 전갈대로라면 모방 신부님은 자현하기 전 교우들에게 고해성사를 주고 싶은 마음일 거라 짐작이 되지만 자세한 상황을 모르니 원하는 교우들은 한양으로 오라는 말을 할 수가 없다.

*

　모방 신부님은 기나긴 여름 해가 저물어 갈 무렵 상제 차림으로 들어섰다. 정하상 모친이 기거하는 집에서 잠시 뒤 그리로 갈 테니 고해성사를 원하는 사람은 구산에서 오게 하라는 이문우 요한의 전갈이 있어서 이미 여러 명이 도착해 있었다.

　"어찌된 일입니까, 신부님. 듣자 하니 자현을 하신다고요."

　경당에 자리 잡은 신부님께 예를 올린 김 회장이 궁금증을 드러낸다.

　"주교님께서 체포되시면서 샤스탕 신부와 내게 서한을 보내셨습니다. 교우들이 더 이상 고통받지 않게 하려면 서양인인 우리가 자현을 해야 한다구요. 우리는 주교님 명령에 순명하는 겁니다."

　"그렇군요. 어쩌다가 그 산골에 계시는 주교님이 체포되셨는지 모르겠네요."

　"자세한 내용은 알지 못하지만 배교한 누군가의 꾐에 빠진 교우가 분별없는 행동을 한 모양입니다. 샤스탕 신부도 지금 호남 지방에서 오는 중이니 내일 아침 포도청 앞에서 만나 함께 자현할 것입니다."

강원도 산골에 계시던 신부님이 오는 길목 길목에서 교우들에게 고해성사를 주느라 몹시 피곤해 보일 뿐 얼굴에 두려움의 기색은 없다.

구산의 교우들은 물론 마장안 부근의 교우들도 소식을 듣고 오는 바람에 고해성사는 자정이 넘도록 계속되었다. 인근 교우들은 각자 한 사람씩 뒷문과 앞문을 통해 돌아갔고 구산의 교우들은 행랑채와 사랑채 안채에 분산되어 잠을 청했다. 고동진은 사제가 올 때까지 아무것도 입에 대지 않은 채 마당 안을 서성이다 제일 먼저 고해소로 들어갔다.

"신부님, 저도 신부님처럼 자현을 할까 합니다."

성부와 성자와 성신의 이름으로 당신의 죄를 사합니다…. 사제가 사죄경을 외우고 나자 고동진이 자신의 결심을 말한다.

"루카! 당신은 가족이 있지요?"

"네, 안사람과 아들이 있습니다."

"그러면 집에 돌아가서 아내를 존중하고 사랑하면서 성가정을 이루세요. 지금은 그것이 자현을 하는 것에 우선합니다. 가정을 돌보고 주변의 어려운 이들을 도우면서 기도 생활 열심히 하는 루카를 천주님은 더 원하실 겁니다. 상황이 이래서 체포된 교우들이 피를 흘리는 거지 천주님께서는 교우들이 피 흘리는 걸 원하지 않으십니다. 천주님의 아들인 예수님께서 우리 대신 피를 흘리셨기 때문입니다. 돌아가서 가족과 이웃을 잘 섬기십시오."

"알겠습니다. 신부님 말씀대로 하겠습니다."

"치명은… 체포되었을 때 배교하지 않고 하는 게 옳습니다."

"이게 마지막 미사가 될지도 모르겠습니다…"

새벽 세 시에 집전한 미사에서 모방 신부님은 모인 교우들을 한 사람 한 사람 사랑이 가득한 눈길로 바라본다. 교우들 사이에서 소리를 죽인 흐느낌이 들린다.

"그동안 여러분들이 사랑을 베풀어 주어 너무 감사합니다."

신부는 미사가 끝난 후 제의를 입은 채 교우들 앞에 무릎을 꿇고 큰절을 올린다. 교우들 역시 서둘러 큰절을 올린다. 이십여 명의 남녀 교우들 손을 일일이 잡고 다독이는 사제의 푸른 눈에도 물기가 가득 고인다. 잠도 제대로 이루지 못한 모방 신부는 유마리아가 정성껏 끓인 녹두죽을 몇 술 뜨는 시늉만 하고 물린 뒤 일어섰다. 이미 여명은 걷히고 동이 트기 시작하는 시각, 신부는 인적이 드문 뒷문으로 빠져나가고 이문우, 김 회장은 틈을 두어 한 사람씩 나가 먼발치에서 신부를 따라간다.

날이 밝으면서 하나둘 거리로 나온 사람들이 사제 주변으로 모여든다. 갈색의 긴 머리, 풍성한 수염에 눈이 파란 신부를 마치 난생 처음 보는 짐승 보듯 한다. 점차 구경꾼은 더 불어나고 어떤 이는 화들짝 놀라 뒤로 물러서는가 하면 짓궂은 아이들은 꼬챙이로 신부의 배를 쿡쿡 찌르기도 한다. 김성우도 이문우도 어찌해 볼 도리가 없어 아픈 마음으로 신부의 뒤를 따를 뿐이다.

흥인지문(동대문)이 가까워 오면서 느닷없이 포졸 서너 명이 나타나더니 모방 신부를 포박하기 시작한다. 두 손을 묶고 허리를 몇 겹이고 동여맨 뒤 우악스럽게 등을 밀며 간다.

"저런 우매한 사람들을 보았나? 자현하러 가는 사람을 저리 포박하다니…"

김 회장이 혀를 찬다.

"자신들의 공으로 돌리려는 거겠지요. 형님, 우리도 돌아가는 게 좋을 듯합니다."

"조선은 또 사제 부재의 시대가 오는 건가? 하상과 유진길 사형이 그리도 애를 썼는데…"

무거운 발길을 돌리며 김 회장이 한탄을 한다.

"교황청에서 이미 조선교구를 설정해 주었는데 불모지로 조선을 방치하지는 않을 겁니다. 머지않아 대건이와 양업이도 사제품을 받고 돌아오지 않겠습니까? 그러니 형님 너무 낙담하지 마십시오."

"그렇지? …그나저나 자네는 어디로 갈 건가?"

"한동안 한양에 있겠습니다. 오갈 데 없는 자매들을 위해 현석문 명의로 사 놓은 집이 있어요. 당분간 거기 기거하며 사태를 보아야지요. 주교님과 신부님이 순교하시면 시신 수습도 해야 하고…"

김 회장은 말없이 고개만 주억거린다.

'나는 무얼 어째야 하는 건가…'

김 회장의 마음은 복잡하다.

*

구산 마을은 가을걷이가 한창이다. 루치아의 밭도 제법 소출이 쏠쏠하다. 고동진이 팔을 걷어붙이고 매달려서 그런 거라며 루치아는 고동진의 등을 두드렸다. 무엇보다 금년에는 가뭄도 장마도 길지 않았던 하늘의 은덕이라며 농사짓는 이들은 하나같이 입을 모았다. 고동진은 아랫마을에서 일손이 필요하다면 두말 않고 달려가 도울 정도로 사람이 달라져서 로사를 기쁘게 했다.

겉으로 보기에는 태평성대에 다름이 아닌 마을이지만 교우들에게는 슬픈 나날이기도 하다. 앵베르 주교와 모방 신부, 샤스탕 신부가 한날한시에 참수 효시를 당했고, 정하상 유진길도 순교했다는 소식이었다.

어느새 여기저기서 밤마다 풀벌레가 울어대기 시작할 무렵, 집을 떠났던 루치아가 구산 마을로 접어든다. 그녀는 윗마을로 가기 전에 김 회장 내외분을 먼저 찾았다.

"아주머니, 밖에서 오시는 길이라며 어째 손이 비었네요."

마리아가 반색을 하며 루치아의 손을 잡아 대청으로 이끈다.

"이제 그만 쉬려고. 흐흐흐."

루치아는 홀가분함을 확인하듯 방물 바구니가 없는 정수리를 쓰다듬는다. 등에 매달린 바랑도 홀쭉하니 비어 있다.

"쉬실 때도 됐지요. 잘 생각하셨네요."

마리아의 반응과 달리 김성우 회장은 그윽한 눈길로 루치아를 바라볼 뿐 이렇다 저렇다 말이 없다.

"회장님, 나도 이제는 세상살이 그만 끝내고 싶어서 자현을 할까 합니다."

그제야 마리아는 루치아의 의중을 알아채고 눈을 크게 뜬다. 김 회장은 짐작이라도 한 듯 먹먹한 표정으로 선뜻 말을 잇지 못한다.

"한평생 교우들의 보살핌과 사랑 덕분에 아주 잘 살았습니다만, 이제는 천주님 품에서 안식을 누리고 싶네요."

김 회장은 선뜻 입을 열지 못한 채 루치아의 손을 잡는다. 루치아 역시 김 회장의 큼직한 손을 두 손으로 감싼다.

"아주머니, 그간 참 고생 많으셨어요. 교우들에게도 큰 도움을 주셨고…. 굳이 자현하지 않아도 뭐랄 사람 아무도 없습니다. 그러니 더 깊이 생각해 보시고 결정하시지요."

루치아는 이렇다 저렇다 대답 없이 웃기만 하다 일어선다. 그녀는 평생 단골로 드나들던 집집을 돌며 바구니 속의 물건들을 나누어 주었다. 엽전이나 다른 곡물로 사례하려는 사람들에게는 이제 장사는 그만둘 거라며 사양했다. 잘 아는 교우 집에서는 아예 바구니를 통째로 두고 왔다. 평소 소작농의 고달픔을 하소연

하던 자매였다. 그 자매가 방물장사를 빌미로 자기 대신 교회의 연락책을 맡아 주었으면 하는 바람이 있었지만 드러내 말하지는 않았다. 필요하다면 예수님께서 알아서 쓰시리라는 믿음이 있었다.

그날 저녁 밥상을 물린 뒤 루치아는 로사와 고동진을 불러 앉혔다.

"로사, 그간 고마웠네. 난 평생 아기를 배어 본 적도 없으니 슬하에 자식이 있다는 게 어떤 건지도 모르고 살았는데, 자네가 마치 딸처럼 곰살궂게 대해 줘서 얼마나 고마웠는지 모른다네."

"무슨 그런 말씀을…. 제가 감사하지요. 저도 어머니를 일찍 여의어 형님이 꼭 어머니 같았는걸요."

"흐흐흐 그랬나? 우리 서로 합이 잘 맞았네 그려. 앞으로는 내가 어머니려니, 나는 자네가 내 딸이려니 여길 걸세. 그러니 이 집과 세간살이, 세간이라야 뭐 있나? 그래도 순돌네 세 식구 살기엔 아쉽지 않을걸세만…. 텃밭, 모두 자네 것이려니 여기고 살게. 나야 워낙 훨훨 다니는 걸 좋아하나…. 교우 집안에 태어나긴 했지만 몸도 부실하고 궁색한 살림에 입 하나 덜자고 열네 살에 시집을 보냈다네. 어른들이 어떤 약조를 했는지 모르지만 아무것도 모르고 간 시집도 궁색하기는 친정보다 나을 게 없었지…."

게다가 남편은 술주정뱅이어서 툭하면 병신이라며 손찌검이었다. 교우들 만나는 것도 싫어해서 루치아는 남편 몰래 교우 집을 드나들며 품을 팔았다. 남편마저 곱사등이라며 흉을 보지만 교우들은 그러지 않았다. 모두 루치아를 천주님께서 창조하신 한 사람으로 대접해 주었다. 결국 남편의 학대를 견디다 못해 시집을 나온 루치아는 포도청을 찾아가 자신도 교우라고 자현을 했지만 모두 콧방귀를 뀌며 대꾸조차 하지 않았다. 체수도 작고 등이 굽은 그녀를 포졸들도 사람으로 대접해 주지 않았던 것이다.

"그 이후 난 교우들 연락책을 맡게 되었지. 방물장수는 어느 집이나 자유롭게 드나들어도 이상하게 볼 사람이 아무도 없었으니까. 이 집 저 집 다니며 교우들 안부와 교우들의 소식을 전하며 다니는 게 참 좋았네. 옥에 갇힌 형제자매들을 찾아다니는 것도 내게는 기쁨이었고…"

루치아는 평생의 발자취를 되돌아보듯 작은 눈을 더 가늘게 떴다. 입꼬리가 귀에 걸릴 듯한 미소를 띤 채. 이 집도 텃밭도 김 회장이 마련해 주었으니 제 것이 아니었다. 그러니 애착을 가질 게 아무것도 없었다. 몇 달 보아하니 로사는 신앙심도 깊은 데다 심성 또한 착해서 자신이 소유했던 모든 걸 내어 주면 기꺼이 나누며 살 것 같았다.

다음 날 새벽, 모두 곤한 잠에 빠져든 시각, 루치아는 빈손으로 집을 떠나 한양으로 향했다. 아침에 잠이 깬 로사는 서늘한 기운을 느끼고 서둘러 루치아가 기거하는 방문을 열었다. 빈 방 윗목에는 루치아가 늘 등에 지고 다니던 바랑이 그대로 있었다. 로사는 루치아가 자현하러 간 것임을 짐작했다. 그간 친정어머니처럼 의지했던 분이다. 순돌 아버지 소식을 몰랐을 때도, 그가 돌아온 뒤에도, 석연찮아 하는 로사의 등을 토닥여 주던 따뜻한 분이다. 로사의 눈에서 방울져 흘러내리던 눈물이 마침내 흐느낌으로 변해 치마꼬리가 흠씬 젖는다.

루치아는 한양에 도착하자 곧장 포도청으로 향했다.

"아니, 할멈! 죽는 게 그리 소원이오? 그럼 그리 해 주리다."

포졸이 빙글빙글 웃으며 동헌 앞마당으로 이끌었다. 포졸은 이 노인이 설마 죽음을 택하리란 상상은 하지 못했다.

"저 늙은이도 천주학쟁이라고 여기 데려왔느냐?"

포장은 포졸에게 호통을 친다. 할멈이 자현을 했노라고 포졸이 대답하자 포장은 기가 찬 듯 허허, 헛웃음을 친다.

"기가 차네. 그래, 너는 천주학이 뭔지 알기나 하고 자현을 했는가?"

빈정거리는 투로 묻는 포장은 설마 이 노인이 무얼 알랴 싶었다. 곧장 한두 대로 배교를 시키거나 교우들 이름 하나라도 고하면 내보낼 생각이었다.

"그래, 천주학이 무엇이더냐? 어디 말해 보거라!"

"예, 천주학은 세상 만물을 지어 내신 천주님을 믿고 따르는 종교입니다."

"그럼 천주님이 있다고 믿는 게냐? 참 딱하기도 하다. 보이지도 않는 천주님이 있다고 믿으면서 목숨을 버리는 미련한 인사들이 있으니 말이다."

"사또께서는 임금님을 보신 적 있으십니까? 본 적은 없지만 이 나라에 임금이 계시다는 걸 믿는 사또나 보이지 않는 천주님을 믿는 우리나 똑같습니다."

"내 너와 갑론을박하기는 싫다만 그건 다르다. 임금님은 버젓이 궁궐에 계시고 대소 신료들이 그분의 명을 받들어 정치를 하지 않느냐? 네가 믿는 천주님을 본 사람이 하나라도 있느냐?"

"이 세상 만물 모두 누가 만들었는지 아십니까? 산천초목, 구름, 세상 만물은 모두 천주님이 만드셨습니다. 우리는 하늘의 구름과 사계절 이어지는 절기, 모든 자연이 천주님의 섭리로 이어짐을 믿습니다. 사또께서는 글을 많이 읽으셨으니 그 정도 이치는 아실 터, 사학쟁이라 덮어놓고 역정 내지 마시고…"

"닥쳐라! 어디 감히 너 따위가 나를 가르치려 드느냐? 한 가지만 묻자."

"사학쟁이들은 천국 가는 길은 좁고 지옥 가는 길은 넓다고 한다던데 너마저 그 좁은 길을 갈 셈이냐? 그럼 천국이 더 비좁지 않겠느냐?"

관장의 비아냥거림에 루치아는 침착하게 대답했다. 참으로 이상한 노릇이었다. 자신은 언문이나 겨우 깨친 무식쟁인데 어떻게 생각지도 않은 말이 술술 나오는지 모를 일이었다.

"사또께서는 평생 수많은 책을 읽으셨겠지요? 그래서 사또의 머리가 비좁아졌나이까? 하늘나라도 그와 같사옵니다."

관장은 더 대꾸하기도 귀찮다는 듯 태형 30대를 명하고 돌아섰다. 보아하니 교우들 이름을 대라 해도 꿈쩍 않을 늙은이였다. 루치아는 태형 30대를 맞은 뒤 실신한 채 옥에 갇혔다. 그 후 사흘 뒤 예수, 마리아를 부르며 그렇게도 바라던 천국으로 들어갔다.

며칠 뒤 칠복이와 성희가 시구문 밖을 샅샅이 뒤진 끝에 루치아의 시신을 찾아내 웟마을 양지 바른 동산에 묻었다.

*

"형님, 애기 나 주고 할 일 하세요. 암죽 만들어 놓았으니 먹여야지."

"그럴까? 요한이 가서 맘마 먹고 이따가 또 보자."

유마리아는 업었던 요한을 심 서방 댁네 맏따에게 넘겨준다. 미처 처네를 끄르기도 전에 요한은 두 팔을 벌려 맏따에게 몸을 싣는다. 마치 맘마 먹으라는 소리를 알아듣기라도 하는 양 벙실벙실 웃는다. 백일이 지나자 요한은 누구에게나 벙글거려 온 집안의 기쁨이었다. 마리아도 맏따도 요한의 백일에 수수경단도 해주지 못하는 상황을 아쉬워했지만 내년에 돌떡이나 푸짐하게 해서 나눠 먹자는 계획으로 위안을 삼았다. 정작 애 어미인 꽃님이는 그런 일에 관심을 두지 않았다.

마리아는 걸레를 들고 사랑채로 간다. 지난여름 모방 신부가 마지막 미사를 드리던 경당은 늘 깨끗하게 걸레질이 되어 있다.

그래도 매일 청소를 거르지 않는 마리아는 언젠가, 누군가 다시 미사를 집전하게 되기를 바라는 간절함 때문이다.

며칠 전 다시 장판을 바르고 콩기름을 입힌 방바닥은 노르스름한 윤기가 돌며 은은한 향내를 풍긴다. 먼지가 있을 리 없건만 구석구석 정성껏 걸레질을 한 뒤 마리아는 십자고상이 걸려 있던 벽을 향해 무릎을 꿇는다. 십자고상은 지난번 김 회장이 구산으로 품고 갔다. 앞일을 알 수 없으니 조심조심 성물을 옮기는 중이었다. 신부의 장옷이며 영대, 십자가, 묵주, 서책 등 들켜서는 안 될 물건들을 보퉁이나 가마니에 담아 옮길 때마다 모두 마음을 졸인다.

마리아는 눈을 들어 정면을 바라본다. 빈 벽이지만 어쩐지 예수님의 흔적은 그 벽에 그대로 남아 있는 듯하다. 걸레질하느라 걷었던 소매를 내리고 소매 안에 넣었던 묵주를 꺼내 성호를 긋고 십자가에 친구(親口)를 한다.

'천주여 나를 돌아보시고 보호하소서.

주여 빨리 오시어 나를 도와주소서.

영광이 성부와 성자와 성신께

처음과 같이 또한 이제와 항상 영원히 아멘.

……

환희 1단, 성모 영보하심(예수님 잉태하심)을 찬미할지어다.

마리아 천신의 보함을 들으시매,

성신으로 인하여 잉태하신지라…'

유마리아는 눈을 감고 점차 기도 속으로 빠져든다. 성모님의 순명과 겸손을 통해 예수의 탄생과 수난과 부활 곧 예수의 일생을 묵상하는 매괴경(묵주 기도)을 그녀는 특히 좋아하며 즐겨 바친다. 곧이어 잔잔한 물결처럼 충만함이 그녀의 마음을 채운다.

"엄니, 점심 드셔유. 엄니!"

"우리 공주마마 언제 일어나셨어요?"

마리아의 농담에 꽃님이는 히히 웃는다. 제 깐에도 멋쩍기는 한 모양이다. 꽃님이의 등에 매달려 있던 요한이 마리아를 보더니 두 팔을 내민다. 마리아는 성큼 요한을 받아 안으며 볼을 비빈다.

"요한이는 나보다 엄니를 더 좋아해."

"왜 그럴까?"

마리아가 꽃님이의 얼굴을 들여다보며 묻는다. 이번에도 꽃님이는 히히 웃고 깡충 걸음으로 안채로 나간다. 쪽머리에 처네를 두른 아낙이 깡충 걸음이라니!

"요한아, 네 엄마 언제 철이 든다니?"

요한은 그저 벙싯거리며 마리아의 볼을 만진다.

점심은 감자수제비다. 김 회장 가족에게는 익숙한 점심 먹거리다. 잡곡이 섞였을망정 제대로 된 밥을 점심으로 먹어 본 지도 언제인지 모른다. 밭일하는 사람들의 새참 이외에 집에 있는 사람들은 모두 밥 대신 감자 아니면 강냉이, 그래도 불평하는 사람은 없다. 꼭 그러자고, 그래야 한다고 약속한 일도 없건만 누구나 옥에 갇혀 고생하는 교우들을 생각하는 마음이다.

"밥상머리가 참 허술하네."

마리아가 낮게 중얼거린다. 꽃님이, 말따, 심 서방, 요셉. 오늘은 특히 더 단출하다. 심 서방은 모방 신부의 제의를 가지러 온 것이다. 이삼 일 안에 김 회장과 칠복이가 온다는 전갈이니 또 떠난 만큼 채워지겠지만 예전처럼은 아닐 터이다.

"그러게 말예요. 그간 기도하러 모이는 자매들만 해도 십여 명이었는데, 그들 먹거리 장만하는 일이 그리도 신명이 났는데, 에휴…"

"밥상머리에서 웬 한숨이오? 마님과 당신 준비하는 동안 내가 종로통 옥사에 들를 타이니 주먹밥이라도 챙겨 주면 되겠네."

말따가 만든 옥바라지 음식을 들고 심 서방이 나간 뒤 마리아와 말따는 대청에 자리를 잡는다. 요한은 꽃님이가 업고 나간 뒤라 두 여인은 한가롭게 일에 몰두한다. 겨울 이불을 펴 호청을 뜯고 솜을 덜어 낸다. 그 위에 소창(이불의 안감으로 쓰는 얇은 천)을 덮고 제의를 잘 펴놓은 뒤 그 위에 다시 소창 한 겹, 솜 한 겹을 얇게 펴 본래의 이불처럼 꿰맨다.

바느질을 하면서도 두 여인은 천주경 성모경 영광경 종도신경을 계응으로 주고받는다. 마치 오래전부터 그런 일을 해 온 사람들처럼 입은 물론 손발이 척척 맞는다. 천주님을 몰랐더라면 죽을 때까지 주종 관계였을 여인들이지만 지금은 친자매처럼 다정하다.

그런 식으로 장옷과 영대를 보관하여 이불 두 채를 만들고 나니 가을 해가 서서히 저물어 간다. 심 서방이 이삿짐처럼 이불 보퉁이를 메고 대문을 나선 뒤 말따와 마리아는 그가 무사히 강을 건너 구산에 당도할 수 있기를 간절하게 바라며 오래 그의 뒷모습을 배웅한다.

*

 각자 등짐을 진 김 회장과 칠복이가 조심스럽게 주변을 살핀다. 그들을 눈여겨보는 이는 아무도 없다. 칠복이가 조심스럽게 대문을 밀자 아무 저항 없이 열린다. 마당에 들어선 그들은 깜짝 놀라 대문을 닫을 생각도 못한다.

 정하상이 잠깐씩 머물렀던 집, 사제도, 지방에서 오고 가는 남녀 교우들도 머물며 웃고 담소하며 밥을 먹었을 집안은 적요만 감도는 가운데 소복을 한 여인 두 사람이 대청에 그린 듯 앉아 있는 것이다. 정하상의 모친 유체칠리아와 누이 정정혜 엘리사벳이다. 소복도 소복이지만 땋은 머리를 앞에 늘이고 있으니 영락없는 상중의 여인들이다. 하긴 상중이긴 하다. 정약종 어르신과 큰아들 정철상에 이어 작은 아들 정하상까지 차례로 참수를 당했으니 어찌 상중이 아니라 하겠는가.

 "아니, 어르신? 어찌 그리 계시는지요?"

 "우집, 자네인가? …이 위험한 곳에 어쩐 발걸음이신가?"

 "네, 어르신이 어찌 지내시나 궁금해서 문안 인사드리러 왔습니다."

"보다시피 우리 이렇게 멀쩡하게 살아 있네. 서로 보았으니 어서 돌아가시게."

"네, 어르신께서 무얼 걱정하시는지 압니다만 그래도 벌써부터 곡기를 끊으시면 안 되지요. 하늘에 있는 하상도 원치 않는 일일 겁니다."

"걱정 마시게. 연명할 정도는 먹고 있네. 들고 온 게 있다면 도로 가져가시게. 우리보다 더 요긴할 이들이 있을 터이니 그들에게 주시게나."

"정이 그러시다면 얼마 안 되지만 이거라도 두고 가겠습니다."

김 회장이 슬며시 밀어 놓는 엽전 주머니 또한 유체칠리아는 사양한다.

"하상이 교우들 위해 쓰라고 남겨 둔 게 좀 있었네. 그 또한 이제는 내게 필요 없을 듯하여 고 서방에게 다 맡겼네. 자네 마음만은 고맙게 받겠네. 날이 더 밝으면 동네가 시끄럽네. 보는 눈도 많고. 어서 돌아가시게."

김 회장은 등짐을 내려놓지도 못한 채 돌아 나오고 말았다.

"아버지 무거우실 텐데 어쩌지요?"

칠복이는 자신의 등짐보다 김 회장의 등짐 무게가 더 커 보이는 모양이다.

"무겁지는 않다만 마음이 좋지 않구나. 꼭 자현하러 가실 분들 같기도 하고…"

그들은 아침이 밝아 오는 마을을 벗어나 아는 교우 집과 옥에 갇힌 교우들을 찾아 등짐을 부리며 한나절을 보냈다.

*

한양 저잣거리에 하나둘 구경꾼들이 모여 들고 있다.

"천주학쟁이들이 잡혀 온다! 모두 양반들이라네."

누군가의 외침에 상점 안에 있던 사람들이 하나둘 밖으로 뛰쳐나온다.

"어디 어디… 어이구 멀쩡하게들 생겼네 그려."

"천주학쟁이라고 코가 둘 달린 줄 알았남?"

"천주학이 뭐라고 그리울 것 없는 양반네들이 저리 굴비 두름 엮이듯 엮여 끌려갈까? 쯧쯧…"

남녀노소, 심지어 소매 끝으로 코를 문지르는 아이들까지 거리에 몰려들어 끌려가는 양반네들을 지켜보며 한마디씩 한다. 개중에는 심란한 표정으로 고개를 돌리는 이들도 있다. 어떤 이들은 저고리 앞섶 자락을 헤집고 엄지손가락으로 십자가를 그린다.

김성우 회장, 만집, 문집, 주집. 그들은 마장 집에서 끌려 나오는 길이다. 사태가 심상치 않아 마장안 공소에 있던 성물들을 조금씩 구산으로 날라 간 뒤 남은 물건들을 마저 옮기려고 형제들이 모인 날이었다. 어찌 알았는지 느닷없이 포졸들이 들이닥친 건 미처 일을 마치기도 전이었다. 때마침 일을 돕던 칠복이가 잽싸게 성물 보퉁이를 들고 뒤꼍으로 뛰어가는 걸 보며 김 회장은 안심하고 오랏줄을 받았다.

작년 처음 끌려갈 때와 달리 김 회장은 차분한 심정이다. 그럼에도 불구하고 손은 사시나무 떨듯 하고 심장도 쿵쿵 소리를 낸다. 그런 자신이 부끄러워 고개를 숙이고 걷던 그는 문득 고개를 든다. 누군가 옆에서 함께 걷는 듯한 존재감을 느낀 것이다. 주위를 둘러봐도 옆에는 구경꾼들만 있을 뿐이다. 비로소 그 존재감의 존재가 누구인지 알아챈 그는 비로소 마음의 안정을 찾았고 사시나무 떨듯 하던 손의 떨림도, 심장의 박동 소리도 가라앉는 걸 느낀다. 뒤에 따라오는 아우들에게 예수님이 함께 가고 있다는 사실을 알리고 싶어 고개를 돌리지만 포졸의 저지에 그도 못한다.

"고개 똑바로 하고 걸어! 유람 가는 줄 알아? 주변을 살피게."

그때 아버지를 부르며 그의 소매를 붙드는 손이 있었다.

"아부지! 아부지 왜 끌려가유? 아부지가 뭘 잘못했슈?"

꽃님이는 포졸이 밀쳐 내면 다시 달려들기를 계속한다. 그 서슬에 꽃님의 등에서 요한이 자지러지게 운다.

"꽃님아! 아버지 괜찮다. 요한이 울지 않나? 어서 집으로 가거라."

꽃님이는 그의 말을 들은 척도 않는다.

"포졸 나리 이춘삼 어디 있슈? 이춘삼이 아부지가 천주학쟁이라도 안 잡아간다고 약조했는디 이 인간 안 보여유. 이춘삼 어딨슈?"

"이춘삼? 그 녀석 엊저녁에 새장가 들었는데? 이 멍충아! 애새끼 달린 년을 누가 계집으로 들이겠나? 이춘삼이가 공 세우려고 너를 꾄 거야."

그들의 주고받는 이야기에서 밀고자가 누구인지 짐작한 김성우는 길게 한숨을 쉰다. 그렇다고 꽃님이를 원망할 마음은 일지 않는다. 아니, 꽃님이를 원망하기보다는 또 어느 사내의 꼬임에 빠져 마음을 빼앗겼을 꽃님이가 못내 가엾다.

포청 앞마당에 한동안 꿇어앉게 된 김 회장 형제들은 잠시 후 갈라지게 되었다. 김성우는 한양 포청에, 만집 문집 주집은 다시 어딘가로 끌려 나갔다.

"아우들아! 배교하지 마라! 배교하면 안 된다!"

공포에 질린 얼굴로 돌아서는 아우들에게 큰 소리로 고함을 지르다가 포졸의 방망이에 등짝을 맞고 김 회장은 쓰러졌다. 막내 문집이 형님! 소리치며 달려오려 하지만 형들과 함께 오랏줄에 엮인 데다 그 역시 포졸의 매질로 질질 끌려 나갔다.

칠복이는 성물 상자를 끌어안은 채 뒤뜰 사랑채 마루 밑으로 숨어들었다. 거기에는 벽으로 위장된 쪽문이 있었다. 사람 하나가 겨우 드나들 만한 쪽문을 열고 지하로 들어선 칠복이는 성물 보퉁이를 끌어내린다. 원래 지하로 통하는 문이 사랑채 마루에 있었지만 지금은 사랑채 마루가 위험했다. 거미줄을 손으로 걷어 내며 지하 구석진 곳에 성물을 옮긴 후 칠복이는 자신의 겉저고리를 벗어 성물 보퉁이를 감싼다. 숨을 고른 칠복이는 마침내 결심을 하고 다시 쪽문을 통해 밖으로 나온다. 포졸들에게 자신도 천주학을 믿는다며 오랏줄을 받을 작정이었다. 그동안 아버지 김 회장을 통해 전해 들은 순교자들의 이야기에 감동을 받은 터였다. 자신도 하늘나라에 가서 부모님도 만나고 정하상 아저씨도 만나고 싶었다.

대문 밖으로 나선 칠복이는 저만치 끌려가는 가족을 발견하고 재게 걸음을 옮긴다. 잽싸게 뛰어가 아버지를 부르며 나도 천주교인이라고 소리쳐야 마땅하지만 왠지 걸음이 느려진다. 그 때 칠복이의 마음을 헤아리듯 누군가 그의 소매를 잡아끌었다. 돌아보니 어머니 유마리아였다. 그녀는 가지 말라는 눈짓을 보이더니 구경꾼들 밖으로 끌었다.

"칠복아! 너는 지금 나설 때가 아니야."

그녀의 속삭임이 마음속 갈등을 가라앉히지만 한편으로는 비겁하다는 생각도 고개를 든다.

"순교는 네가 할 일 다 마치고 해도 늦지 않을 거다. 너는 먼저 꽃님이를 찾아오너라. 우리 모두 구산으로 가야 한다. 좀 있으면 포졸들이 들이닥쳐 살림을 거덜 낼 터, 그전에 간단히 짐을 꾸려 떠나자. 어서 꽃님이 찾아라."

고개를 주억거린 칠복이는 구경꾼들 뒤를 따르다 동생 꽃님이의 외침을 듣고 걸음을 빨리한다. 꽃님이는 업은 아이가 엉덩이로 흘러내리는 것도 모른 채 끌려가는 김성우 형제들을 따라가며 포졸들에게 애원한다.

"나으리, 이춘삼 어디 있슈? 예? 이춘삼을 찾아야 해유, 그래야 우리 아부지랑 작은아부지들이 풀려난다니께요. 이춘삼이가 그랬슈. 천주학쟁이라고 말해도 우리 가족들 절대 잡아가지 않는다고 약조했단 말여유! 지발…"

포졸이 포졸 방망이로 떠밀면 다시 팔에 매달리며 애원한다. 칠복이는 단박에 사정의 앞뒤를 깨닫는다.

'저런, 저저 못된 년이 그예 일을 저질렀구먼.'

가슴이 철렁 내려앉은 칠복이는 덜덜 떨리는 손으로 우는 요한을 포대기에서 빼내 번쩍 안는다. 요한이 울음을 뚝 그치며 칠복이 가슴에 착 안긴다. 한 팔로 아이를 안고 한 팔로 꽃님이 팔을 잡아끌지만 힘에 부친다. 꽃님이의 힘이 의외로 세다. 그때 언제 따라왔는지 말따가 요한을 받아 안고 구경꾼 틈으로 사라진다.

※

구산에서는 집안 대소가의 모든 가족이 모여 근심에 잠긴 얼굴로 묵주 신공을 바친다. 만집, 문집 댁네들과 사촌 주집의 댁네는 남편들이 당장 치명이라도 당한 듯 침통한 얼굴에 눈물을 흘린다. 만집 댁네는 붉으락푸르락 얼굴 표정을 감추지 못하느라 기도에 전념하지 못한다.

"그래, 자네는 어찌할 요량인가?"

환갑을 지나 유일하게 생존해 있는 당숙모가 기도를 마친 뒤 유마리아를 향해 묻는다. 작년처럼 몇 푼 쓰고 가족들을 빼낼 요량이 있는가 묻는 것이다.

"네에, 무슨 요량이 있겠습니까? 지난번에 제가 손을 썼다고 안당(안토니오)이 몹시 언짢아했습니다. 다음에 잡혀 가더라도 절대 손쓰지 말라고 당부를 했으니 안당이나 서방님들이 모진 고문에 배교하지 않고 치명하도록 기도해야지요."

"흐음…. 그도 그러이."

"머리 검은 짐승은 돕는 게 아니라더니 그 말이 딱 맞았네요. 꽃님이 그년이 언제고 사단을 낼 줄 알았다니까요."

안 그래도 칠복이는 방구석에 쭈그리고 앉아 고개를 들지 못하는 터였다. 유마리아는 만집 댁네가 더 지껄이지 못하도록 나선다.

"동서, 말조심 좀 하지. 꽃님이가 우정 그랬겠는가? 아직 철이 없어서, 사리분별을 제대로 못해 그러려니 해야지. 설사 일부러 밀고를 했다 쳐도 한 가족인데 그리 모질게 말하면 쓰겠나?"

다른 이들은 고개를 주억거리건만 만집 댁네는 가족은 무슨… 구시렁거린다. 당숙모가 다시 나선다. 평소 말수가 적은 데다 지혜가 많아 마을 사람들에게 존경을 받는 터인데 만집 댁네 행위에 어지간히 화가 나는 모양이다.

"이보게, 둘째 질부. 피가 섞이지 않다 뿐 우리는 천주님 안에 모두 한 형제자매인 가족이라네. 자네는 영세를 받고도 그걸 모르는가?"

"난 서방이 하라니까 했을 뿐이지 암것도 모릅니다. 그러니 나더러 이래라저래라 하지 마세요."

"저, 저…"

젊은 당숙모의 시동생인 당숙은 입이 쓴지 혀를 차며 곰방대에 담배를 채운다. 당숙이라고는 하지만 촌수가 높을 뿐 김성우와는 겨우 다섯 살 터울이라 평소에도 그다지 권위가 서지는 않는다. 김성우 형제들은 아재, 아재 하지만 술이 한 잔 들어가면

서로 농을 주고받을 정도다.

만집 댁네는 벌떡 일어나더니 문 앞에 앉아 몸 둘 바를 모르는 칠복이를 고의적으로 떠밀고 휭하니 나가 버린다. 칠복이는 더는 견디지 못하고 슬며시 방을 빠져 나간다. 삼촌 품에 있던 요한이 한미 한미 혀 짧은 소리를 웅얼거리며 유마리아 무릎에 올라앉는다. 유마리아가 요한을 품에 안아 다독인다.

차희 모친의 지적이 아니더라도 칠복이는 진즉에 죄인이었다. 새끼도 떼어 놓은 채 꽃님이는 이 추위에 어디를 헤매고 있을지 애간장이 녹는 듯했지만 선뜻 한양에 가겠다는 말을 꺼내기는커녕 드러내 누이 걱정을 할 수도 없었다. 칠복이는 경당 뒤 숲으로 달려가 비통하게 흐느낀다. 이럴 때 루치아 할머니가 계시면 얼마나 좋을까? 칠복이는 작년에 순교한 루치아를 그리워하며 더욱 흐느낀다. 할머니는 물론 정하상 어르신, 유진길 어르신의 모습도 망막에 떠오른다. 그들이 목에 칼을 차고 소달구지에 실려 처형 장소로 갔듯이 아버지도 그리 되리라 여기니 마음이 아파 칠복이는 주먹으로 가슴을 쾅쾅 친다.

그날 저녁 유마리아가 칠복이를 불러 앉혔다.

"칠복아! 공연히 어른들 앞에 송구해하지 않아도 된다. 꽃님이가 빌미는 되었을지 모르지만 모든 게 천주님의 뜻이 아니겠나? 아버지는 평소에도 치명하기를 원하셨던 거 너도 알지? 어떻든 너는 성희 형을 도와 아버지, 작은아버지들 옥바라지 잘하면 된다. 그리고 기도 열심히 하고…. 요한은 오늘부터 내가 데리고 자마. 너는 다시 한양에 가서 꽃님이를 수소문하도록 해라, 알겠느냐? 너 풀 죽어 있는 모습 보기 싫구나."

"내일은 저도 함께 가렵니다. 아마 집안은 숟가락 하나 남아 있지 않을 텐데 성물을 옮겨 와야지요. 소금장수 최 서방에게 부탁해 놓았어요."

"그래요? 설이 아범을 보낼까 했는데 베드로 씨가 간다니 잘됐네요. 각별히 조심하세요. 아마 아직도 감시가 심할 텐데요."

"걱정 마십시오. 칠복아 나가자."

고개를 푹 숙이고 있던 칠복이 무겁게 몸을 일으킨다. 안채에서 나오자 심 서방이 힘내라는 듯 칠복이의 어깨를 툭툭 친다.

*

심 서방의 성화에 목수건은 둘렀지만 매서운 강바람이 칠복이의 목덜미를 파고든다. 유마리아가 김 회장의 누비저고리를 싸주며 칠복이 것도 내놓았지만 칠복이는 슬며시 밀어 놓고 방을 나온 터였다. 동저고리 바람으로 집을 나서는 칠복이의 속내를 아는 듯 심 서방이 목수건을 들고 나와 매주었다. 어린 나이부터 종살이에 단련된 몸이지만 동짓달의 바람이 유난히 살 속을 파고든다. 마음이 추우니 몸도 그만큼 더 추운 모양이다. 어쩌면 아버지, 김 회장을 볼 낯이 없어서 더욱 그런지도 모르겠다. 이 년 가까이 함께 살면서 김 회장이 화를 내거나 큰소리치는 걸 보지 못했지만 그래도 두려운 마음을 떨칠 수가 없다. 은혜도 모르는 못된 것들! 꽃님이 데리고 당장 나가거라! 어젯밤에는 김 회장이 호통치는 꿈을 꾼 터여서 두려움은 더 크다. 실제로 그런 말을 듣는다면, 그래도 칠복이는 할 말이 없다. 난생처음 인간 대접 받으며 배부르고 등 따숩게 살았다. 더욱이 천주님을 알게 되어 매일매일 감사하는 마음으로 살지 않았던가. 그런데 이제 집을 떠나면 꽃님이와 어린 요한을 데리고 엄동설한에 어디 가서 살아야 하나, 그 생각을 하면 막막하기 이를 데 없다.

"칠복아! 그간 겪어 봐서 너도 잘 알겠지만 회장님 내외 옹졸한 분들이 아니다. 신앙심도 깊으신 분들이라 꽃님이를 원망하지 않으실 게다. 그리고 우리가 어떤 잘못을 저질러도 천주님은 다 용서해 주신다. 그런데도 불구하고 죄의식에 사로잡혀 끙끙대면 그게 오히려 더 큰 죄가 되는 거란다. 왜냐고? 천주님의 자비하심을 믿지 못하는 거니까. 게다가 너는 물론 꽃님이도 잘못이 없다. 꽃님이도 이춘삼인가 뭔가 하는 자의 꾐에 빠졌을 게 틀림없다. 누구도 믿으면 안 된다는 사리분별이 잘 안 되는 꽃님이가 아니냐. 그러니 나는 죽을죄를 졌습니다, 하는 얼굴로 다니지 말라는 말이다. 어깨 쫙 펴고."

"알았습니다. 고맙습니다, 아저씨."

마장안으로 온 그들은 조심스레 주변을 살핀다. 아침이 일러서인지 사위는 사람의 기척 없이 조용하다. 대문을 밀치니 대문 한짝의 돌쩌귀가 부서져 기우뚱하며 저항 없이 열린다. 마당 안으로 들어서니 방마다 문짝이 부서지고 간소한 가구마저 모두 들어내서 집안은 마치 흉가를 방불케 한다. 심 서방도 칠복이도 기가 막혀 입을 벌린 채 망연히 서 있다.

"화적 떼가 지나가도 이렇지는 않겠네…"

집안을 둘러본 심 서방이 혀를 끌끌 찬다. 다행히 사랑채 지하에는 누가 손을 댄 흔적이 없다. 인기척을 알아챘는지 행랑채

문이 열리며 머리를 산발한 꽃님이가 얼굴을 내민다.

"꽃님아! 너 여기 있었어? 이것아 오라비가 얼마나 걱정했는지 알어? 요한이도 밤마다 어미 찾으면서 운단 말이다."

만나면 등짝이라도 후려치고 싶었던 심정은 어디로 갔는지 칠복이는 반색을 하며 꽃님이에게 달려간다.

"다행이구나…"

심 서방도 행랑채로 다가간다. 꽃님이는 이렇다 저렇다 말이 없다. 걱정했을 오라비를 보고도 반가운 기색이 없다.

"아부지한테 갈 거야."

그 말에 두 사람은 놀라 멍하니 꽃님이를 바라본다.

"너 그럼 아버지 볼려구 여태 예 있은겨? 그런겨? 아버지 갇혀 있는 가막소가 어딘지 알기나 혀?"

"알어. 어제도 갔었는디? 오늘도 갈겨."

막무가내로 아버지께 간다는 꽃님이를 구슬러 국밥 한 그릇을 시켜 주고 심 서방과 칠복이 가막소에 도착했을 때는 늦은 아침이었다. 동대문에서 바람을 안고 걷다 보니 시간이 여느 때보다 지체된 것이다. 포졸에게 엽전을 쥐어 준 뒤 김 회장이 갇혀 있는 옥사에 도착해 보니 김 회장은 양반다리를 하고 앉아 짚을 꼬아 신을 엮고 있었다. 다행이 겉으로 드러나는 상처는 없어 보인다. 그렇다 해도 며칠 새 볼이 해쓱한 김 회장, 게다가 안 하던 짚신을 엮고 있는 모습에 칠복이는 왈칵 설움이 복받친다.

"아버지! …아버지 죄송해요. 공연히 저희 때문에…"

칠복이는 주먹 같은 눈물을 떨구며 미처 말을 잇지 못한다. 김 회장은 칠복이의 속내를 알아차리고 말꼬리를 자른다.

"다 큰 사내가 웬 눈물 바람이냐? 그새 아버지가 많이 보고 싶었던 모양이구나. 허허허. 그런데 이 엄동설한에 웬 동저고리 바람이냐? 어머니가 누비저고리 지어 주지 않았단 말이냐?"

"지어 주셨어요. 저야 워낙 강건한 몸이라…"

"녀석하곤. 다음부턴 겹저고리 입고 다니거라. 고뿔들면 어쩌려구?"

칠복이가 겹저고리를 입지 않은 속내 또한 짐작하는 김 회장이다. 포졸이 옥사 문을 열어 주어 김 회장과 심 서방, 칠복이는 옥사 밖의 양지에 쭈그리고 앉는다. 김 회장이 땅바닥에 두 다리를 뻗는 걸 보며 심 서방이 묻는다.

"회장님. 다리가 불편하신가요?"

"아닐세. 옹색한 자리에서 지냈더니 다리를 좀 펴고 싶어 그러네."

"회장님 짚신 엮는 솜씨가 괜찮아 보이던데요."

심 서방이 울적한 분위기를 눙치듯 너스레를 떤다.

"내가 안 해서 그렇지 손만 대면 못하는 게 없지. 허허허. 여기서는 그나마도 안 하면 멀건 죽이나마 얻어먹지 못한다네."

심 서방은 울컥 치솟는 아픔을 꿀꺽 삼킨 후 구산의 근황과 아우들이 남한산성으로 끌려갔다는 소식을 전한다. 김 회장은 말없이 고개를 주억거린다. 그날 함께 끌려와 한나절 포도청 앞마당에 꿇어 앉아 있던 일이 떠오른다. 어쩐 일인지 주소지만 묻고 달리 문초가 없던 이유를 알 듯싶다.

'아우들아! 배교하면 안 된다. 마음 단단히 먹어라!'

소리치던 김 회장의 등짝에 날아오던 방망이. 형님! 소리치던 막내 동생마저 방망이 세례를 받으며 끌려 나가던 장면이 떠오른다.

'그게 아우들과의 마지막인가? 만집이의 급한 성미가 걱정이긴 하지만 어쩌겠는가.'

"난 여기서 견딜 만해. 그러니 자네들도 자주 올 필요 없네. 마리아는…. 내가 잘 지내고 있으니 오지 말라고 전하게. 그간에는 꽃님이 때문에 마음이 좀 산란했었네만…. 기도에 전념하고 싶으니 꽃님이를 구산으로 데려가게."

"네, 아버지. 지금도 따라온다는 걸 주막에 주저앉히고 왔어요."

꽃님이는 김 회장이 잡혀 들어간 날부터 며칠 동안 포도청 앞에서 소리소리 질렀다. 우리 아부지 죄인 아니라고, 이춘삼이가 아부지 안 잡아 간다고 했다고. 나를 아부지 대신 잡아넣으라고. 보다 못한 포졸이 김 회장이 갇혀 있는 옥사로 데려가니 자기가 대신 옥사 안으로 들어간다고 난리를 쳤다.

"아부지! 언능 나오셔유. 내가 아부지 대신 옥살이 할란게유. 아부지가 먼 죄가 있다고 여기 있어유?"

김 회장이 꽃님이 손을 잡고 알아듣게 말을 해도 막무가내였다.

"내가 잘못했슈, 아부지. 내가 거기 들어갈 테니 아부지는 언능 나와유."

얼마나 처절하게 울부짖는지 김 회장의 애간장이 타는 듯했다.

"칠복아! 물정 모르는 애 다그쳐서 기죽이지 말고 살살 달래거라. 요한이는 어미 떨어져 보채지 않고 잘 있느냐? 워낙 순둥이긴 하지만…"

"어머니가 잘 보살펴 주셔서 그런지 어미는 찾지도 않아요."

"오늘 날이 저물면 최 서방이 소금 한 가마 져다 주기로 했어요."

김 회장이 심 서방과 눈을 맞춘다. 에둘러 하는 심 서방의 말뜻을 알아챈 것이다. 실은 그들을 만나자마자 묻고 싶었지만 주위의 눈과 귀가 조심스러워 참고 있던 차였다. 김 회장의 간절한 눈빛에 물기가 어린다. 성물이 안전한 듯하니 얼마나 감사한 일인가.

"어련히 알아서들 하겠냐만 각별히 조심하게. 자네들은 아직 할 일이 많다네."

체포되지 않도록 몸조심하라는 말이다.

"회장님 뭐 필요하신 게 없는지요? 서책이라도…"

"글쎄… 예서 한가롭게 서책을 읽을 처지는 아니고. 혹여 남았으면 묵주를 가져다주게."

그때 칠복이가 주머니에 넣고 다니는 묵주를 선뜻 내어 준다.

그날 땅거미가 질 무렵 최 서방이 소금가마를 지고 왔다. 칠복이와 심 서방이 도와 소금가마에 성물들을 묻었다. 날이 어두워 나룻배가 움직이지 않아 최서방은 나루터 가까운 교우 집으로 가고 심 서방과 칠복이는 별채 방에서 덮을 것도 없이 옹색하게 새우잠을 잤다.

저도 어미라고 요한이 밤마다 엄마 찾으며 보챈다는 말을 듣더니 꽃님이는 얌전해져서 구산에 가야 한다는 칠복이 말에 순순히 고개를 끄덕였다. 가막소로 매일 찾아갔던 사실을 그새 까맣게 잊은 얼굴이다.

다음 날 새벽 칠복이가 대충 꽃님이의 매무새를 수습해서 심서방과 함께 구산으로 향했다. 칠복이는 마음이 복잡했다. 차희 모친이 꽃님이를 보고 가만히 있을 리 없었다. 아니나 다를까 마을에 들어서는 길로 만집 댁네에게 호되게 야단을 맞은 꽃님이는 잔뜩 주눅이 들어 안채에 틀어박혀 밥때가 되어도 나오지 않았다. 어미 품을 파고드는 요한도 달갑지 않은 눈치였다.

"형님! 꽃님이를 저랑 함께 살게 하시면 어떨까요?"

로사가 조심스럽게 말한다. 루치아가 처형당한 뒤 고동진도 제 발로 가서 자현을 한 터라 로사는 따로 집을 마련하지 않고 루치아의 살림을 고스란히 물려받았다.

"로사가 그래 주면 고맙지. 당분간 동서 눈에 안 띄는 게 좋을 거 같아요. 요한은 내가 데리고 있어도 되고."

"아니에요. 순돌이랑 개똥이가 있으니 어울려 잘 놀 거예요."

"로사 고마워요."

유마리아는 칠복이를 불러 꽃님이를 데려다주게 하며 감자며 고구마, 말린 나물과 곡물을 한 짐 지워 보낸다. 요한은 모처럼 어미 등에 업혀 좋아서 엉덩춤을 춘다. 마리아는 윗마을로 향하는 꽃님이를 안쓰러운 눈길로 배웅한다. 천진무구한 어린애처럼 해맑던 꽃님이가 풀 죽어 있는 모습을 보자니 마음 짠함을 넘어 울컥 서러움이 솟는다. 어쩌면 맑은 영혼이 제 모습대로 살아가기 어려운 세상에 대한 슬픔인지도 모르겠다.

김 회장의 부재는 성희가 대신 채우고 있었다. 김 회장의 지시로 첨례 날에는 성희가 공소예절을 주관하고 매일 새벽 기도도 인도하고 있었다. 온 가족은 물론 집안의 모든 이들이 열심히 기도 생활을 하고 있었으니 전과 달라진 건 아무것도 없어 보였다. 그럼에도 불구하고 유마리아는 한 팔이 떨어져 나간 듯한 허전함을 떨치기 어려웠다. 이는 분명 가장의 부재에서 오는 한낱 여인의 감정일 터, 마리아는 그 감정마저 신앙으로 털어 버리려 애쓰지만 잘되지 않았다.

7장 바움

정하상 집의 하인으로 있던 고 서방이 옥사로 들어온 건 며칠 후였다. 고 서방의 어깨를 겯고 끌고 오다시피 하던 포졸 둘이 메어치듯 옥사에 던져 넣고 돌아서며 퉤퉤 침을 뱉듯 투덜거린다.

"에잇, 천주학쟁이들 징하다 징해! 저들이 믿는 천주님이 쌀을 주나 엽전을 주나. 그런데도 저리 맞으면서도 끝까지 고집을 부리니 원."

그제야 김성우는 엎어져 있는 이의 얼굴을 들여다본다. 흐트러진 상투머리가 허연 걸 보면 꽤나 연치가 있어 보인다.

"고 서방 아니, 형제님! 저들이 주리를 튼 모양이네요. 정신이 좀 드십니까? 성우, 김성웁니다."

"성우 서방님? 서방님은 또 언제 잡혀 오셨습니까요?"

일어나 앉으려는 고 서방을 눌러 눕게 한 뒤 그의 다리를 살피니 앙상하게 마르고 검버섯이 핀 다리에 주리를 틀린 자국이 선명하게 피가 맺혀 있다. 뼈가 성한지 의심스럽다.

"하상 자당님과 그 누이는 요즘 어찌 지내시는지 아십니까?"

"서방님이 소이문에서 참형을 당하신 뒤로 마님과 따님은 매일 포졸을 기다리듯 방에 들지도 않으시고 마루에 그린 듯이 앉아 계셨어요…. 아마도 자현을 하실 모양이었는데 그전에 포졸이 들이닥쳤지 뭡니까. 마님께서 그간 비축해 두었던 얼마간의 엽전과 곡식을 내어 주시면서 잡히지 말고 교우들 옥바라지를 하라고 말씀하셨지요. 후유, 팍팍한 인심…. 누가 내 뒤를 밟았는지 그만…."

고 서방은 두서없는 말을 채 맺지 못하고 기침을 심하게 하더니 신음 소리를 내며 눈을 감는다. 성우는 그를 반듯이 눕히고 주름진 얼굴에 흐트러진 머리카락을 손으로 빗질해 준다. 고통으로 찌푸린 고 서방의 얼굴 위로 칼을 쓴 채 수레에 실려 가면서도 의연하던 하상의 평온하던 얼굴이 떠오른다. 망나니가 칼을 휘둘러도 동요되지 않은 채 깊은 묵상에 잠긴 듯 눈을 감은 채 조용히 칼을 받던 정하상. 같은 시각에 참수를 당한 유진길 역시 마찬가지였다. 천주님께 향한 믿음이 얼마나 강하면 죽는 순간에도 그리 평온할 수 있을까? 아니, 그들의 얼굴은 환희에 찬 듯 빛나고 있었다. 세속의 온갖 칠정번뇌는 물론 천주님을 향한 믿음까지 낱낱이 십자가에 못 박은 듯 피범벅이 된 그들의 육신은 전혀 무게감이 없어 보였다.

김성우가 옥에 갇힌 정하상을 찾았을 때는 작년 여름 끝머리였다. 얼마나 혹독하게 고문을 당했는지 정하상은 얼굴이며 몸이 형상을 알아보기 힘들 정도였다. 그래도 신음소리 한 번 내지 않고 의연한 자세였다.

"하상…!"

불러놓고도 할 말을 잇지 못하는 김성우에게 하상은 부은 얼굴이 뒤틀릴 정도로 씨익 웃으며 말했다.

"육신의 고통 중에서도 기쁨을 느낄 수 있다는 걸 알았다네. 매질을 당해도 아프지가 않아. 오히려 매 한 대씩을 맞을 때마다 기쁘더라니까, 허허허. 십자가에 사지가 묶여 허공에 매달리신 예수님의 고통에 비하면 보잘것없는 고통이지만 말일세. 그나저나 내 글이 우의정 손에 들어가기나 했는지 궁금하이."

정하상은 언제고 체포될 것을 예상하여 박해의 주동자인 우의정 이지연에게 보내는 상재상서를 품고 다녔다. 비록 삼천육백여 자의 짧은 글이지만 호교론과 천주교 기본 교리에 대한 설명, 신교(信敎)의 자유를 호소하는 글이었다.

"제대로 전달되지 않았겠는가? 우의정에게 보내는 서한을 누가 감히 함부로 손을 대겠는가?"

"그렇겠지? 내게 가해지는 고문은 그렇다 치고 그 글을 읽은 사람들이 제발 천주학을 제대로 알았으면 좋으련만. 그러면 박해도 줄어들지 않을까 하는 심정이네만."

그게 정하상을 마주한 마지막이었다.

9월 22일, 새벽같이 마장안을 떠난 김성우는 소의문(서소문) 가까이에 이르렀을 때에야 죄인들의 행렬을 만날 수 있었다. 손발이 묶여 질질 끌려가다시피 하는 여느 죄수들과 달리 유진길과 정하상은 각기 함거에 실려 가고 있었다. 함거도 안심이 안 되었던지 목에는 칼까지 씌웠다. 물 한 모금이라도 건네고 싶어 자라병을 챙겨 갔으나 기회를 얻지 못했다. 소의문 가까이 이르자 포졸들이 막아 더 이상 따라가지 못했다. 하는 수 없이 길을 돌아 참수 현장에 도착했을 때는 이미 유진길의 목은 몸에서 저만치 떨어져 나갔고 정하상은 포박을 당한 채 목을 길게 빼고 망나니의 칼을 기다리는 중이었다. 김성우는 당장이라도 달려들어 두 사람의 시신을 거두고 싶었지만 경계가 심하여 그대로 돌아서고 말았다. 보름이 지나서야 그들의 시신이 거두어졌다는 소식을 들었다. 정하상과 유진길, 앵베르 주교, 모방 신부, 샤스탕 신부의 시신을 거둔 사람은 이문우 요한이었다.

"애썼네, 요한. 우리도 손을 보탰어야 하는데…. 가신 분들께 송구할 따름일세."

"아닙니다, 형님. 포졸의 눈을 피해야 하니 마음 놓고 시체들을 뒤질 수도 없는 형편이었지요. 며칠 밤 시체를 뒤져서야 그분들의 시신을 거둘 수 있었어요. 하상 형님 시신은 고바오로 형제님이 애쓰신 덕에 쉽게 찾았지요."

작년 11월, 이문우 역시 체포되어 두 사람은 다시 만나지 못했다. 대신 이문우가 옥중에서 보낸 마지막 편지는 접할 수가 있었다.

…제 신앙의 벗들과 함께 있으니 이 얼마나 기쁜지 모릅니다. 저는 이 행복한 재회에 대하여 천주님께 감사드립니다…. 이 세상은 순간일 뿐이며 육신은 허울일 뿐입니다. 이 몸을 보십시오.

열흘이 지나면 이것의 영혼은 이것을 떠납니다. 그 영혼이 악취가 나는 것과 함께 있다면 그 얼마나 섬뜩하고 비참한 일이겠습니까? 그러나 사람들은 그들의 육신에 더 신경을 쓰고 그들의 영혼은 돌보려 하지 않습니다. 그러한 사람들은 동물이나 다름없습니다. 동물은 구원을 받을 영혼이 없습니다. 사람이 동물처럼 구원받을 영혼이 없다면 그 얼마나 슬픈 일이겠습니까! …세 가지의 적과 싸우십시오. 악마, 세상, 그리고 육신과. 그 세 가지 중에서 가장 위험한 것은 바로 육신입니다. 저희는 묵상과 기도로 스스로를 성찰할 수 있습니다. 성모님께 중재를 청하십시오. 성모님은 우리 모두에게 친절하시며 놀라운 힘을 지닌 분이십니다. 지금은 제 생의 마지막 순간입니다. 만일 여러분이 함께 기도하신다면 위험을 잘 이겨 낼 것입니다. 여러분, 죽음을 두려워 마십시오. 여러분이 모든 고통과 시련을 겪어 낸 후에는 영원한 행복과 기쁨의 천국으로 들어가실 수 있습니다. 이것은 내 생의 마지막 순간에 쓰는 편지입니다.

*

"형씨! 대체 천주학이 뭐길래 저토록 늙은 나이에도 굴하지 않고 매질을 당하고 주리를 틀리는 거요?"

'보아하니 양반 나리 같은데 어찌 이런 누옥을 찾으셨습니까요?'

성우가 옥에 갇히던 날 비아냥거리던 사내였다.

'양반 상놈을 가른 건 세상의 이치고 천주님 보시기에는 양반도 상놈도 다 사랑스러운 사람일 뿐이라오.'

'흥! 말은 번지레하구먼.'

차츰 알게 된 사연인즉 천씨 성을 가진 그는 평소 연모하던 동네 유부녀를 겁탈한 죄로 잡혀 온 사내였다. 이 사람 집적 저 사람 집적 괜한 트집을 잡지만 그다지 못된 사람으로는 보이지 않았다. 그날 이후 성우는 그의 회심을 위해 열심히 기도했다.

"그럼 형씨도 천주학이 무언지 알아볼 테요? 궁금하면 내 알려 주리다."

"아닙니다요. 내 비록 색정에 눈이 어두웠던 자이긴 하나 무모한 짓으로 명 재촉하기 싫소이다."

"그래요? 언제고 마음이 바뀌면 말해 주시오. 꿀보다 더 달고 깨소금보다 더 고소한 진리가 바로 천주학이니 말이오."

김성우는 말을 하면서도 손은 재게 놀린다. 처음에는 서툴러서 모양이 신통치 않던 짚신이 이제는 제법 꼴을 갖추기 시작하니 손놀림도 재미가 있다. 짚신을 거두어 가는 옥리들도 감탄할 정도다.

그가 투옥된 날부터 아니, 그 이진부터겠지만 아침이면 옥리가 짚 한 무더기씩을 옥사에 던져 넣는다. 짚신을 엮든 망태기를 엮든 무어든 해야 먹거리가 배당된다. 언제까지 이런 한가한 시간을 가질지 알 수 없으나 손놀림으로 멀건 죽이라도 나오면 병약한 이들에게 나누어 주는 일도 큰 기쁨이었다. 그나저나 근 열흘이 가깝도록 아무런 문초도 하지 않는 연유가 무언지 사뭇 궁금하다. 마치 폭풍우가 몰아치기 전처럼 불안함이 고개를 쳐들기도 한다.

며칠 후 김성우는 동헌으로 불려 나갔다.

"네가 김성우인가?"

"그렇습니다."

"여봐라! 저자에게 곤장 열 대를 쳐라!"

포도대장은 제대로 문초를 하기도 전에 대뜸 매질을 명령한다. 아마도 미리 겁을 주려는 모양이다. 성우는 난생처음 당하는 매질에 정신이 아득했지만 행여 배교의 흔적이라도 보일 새라 마음속으로 예수님을 수도 없이 찾는다. 마침내 감각이 무디어졌을 무렵 포도대장이 묻는다.

"이래도 천주학을 믿겠느냐? 양반 가문이면 다른 이의 모범이 되어야 하거늘 어찌 사교에 빠져 많은 이들을 미혹에 빠트리느냐?"

"나는 아무도 미혹에 빠트린 적이 없습니다. 오히려 미혹에 빠져 있는 백성들에게 영원불멸의 진리를 알게 하여 이승에서나 저승에서나 평화를 누리며 살게 되기를 바라는 바입니다."

"어허 그래도 저놈이! 세상에는 양반의 법도가 있어 부모에게 효도하고 임금에게 충성을 다해야 하거늘, 너희는 조상 제사도 안 지내지 않느냐? 그런 불효막심한 일이 또 어디 있느냐?"

"아무리 효성이 지극한 자식이라 해도 주무시는 부모에게 밥상을 올려 공양하지는 않습니다. 하물며 돌아가신 부모의 영혼이야 말해 무얼 하겠습니까? 영혼은 먹고 마실 수 없기 때문이지요. 그래서 천주교에서는 제사를 금하는 것입니다."

"그래? 네 주장대로 그렇다 치자. 그렇더라도 이리 곤장을 맞으며 고생할 일이 아니지 않는가? 천주학에 빠진 사람 이름을 한 사람이라도 대어 보거라. 그럼 방면해 주겠다."

"앵베르 주교님, 모방 신부님, 샤스탕 신부님, 모두 나라에서 참수하지 않으셨습니까? 이제 조선 땅에는 또 다시 신부님이 없는 신앙의 불모지가 되었습니다. 헌데 어찌하여 교우들의 이름을 대라 하십니까? 설령 이름을 안다 해도 말하지 않겠습니다."

"허허, 터진 입이라 말은 잘하는구먼. 저 죄인에게 곤장 스무 대를 더 쳐라!"

성우는 곤장을 더 맞으면서 내심 안도의 숨을 내쉰다. 천주님을 배반하는 말은 단 한마디도 하지 않았으니 이 또한 얼마나 감사한 일인가.

양쪽에서 김성우의 어깨를 걸고 가던 포졸 하나가 넌지시 권한다. 평소에도 김성우에게 호감을 보이던 포졸이었다.

"어르신! 그저 한마디만 하시면 될 걸 왜 이리 곤욕을 치르십니까요? 안 믿는다고 말하고 방면된 후 다시 믿으면 되지 않습니까요."

"그럴 수는 없는 일, 한 마디 아니라 반 마디라도 해서 천주님의 마음을 아프게 해 드릴 수는 없지요. 이까짓 곤장 스무 대 아니라 백 대를 맞아도 나는 그분을 배반하지 않을 거요."

"제가 똥물을 구해다 드립지요. 장독에는 똥물이 특효랍니다."

옥사에 갇혀서도 늘 온화한 표정과 말씨로 주변 이들을 돌보는 김성우는 번을 서는 옥리뿐 아니라 같은 옥사 죄수들마저 어려워했다. 특히 유부녀를 겁탈한 죄로 들어와 있는 천씨마저 극구 손사래 치던 천주교를 믿겠다며 교리를 배우는 중이었다.

그 며칠 후 간신히 앉게 된 김성우는 포졸에게 부탁하여 맑고 깨끗한 물을 구했다. 드디어 천씨에게 세례를 주는 날이었다. 천씨 역시 긴장이 되는지 아침부터 흐트러진 머리를 가지런히 정리하여 상투를 다시 틀고 구겨진 옷을 쓰다듬는다.

"바오로! 바오로 이름을 가진 분이 어떤 분이라 했지요?"

"예수 믿는 사람을 모두 죽이려고 가는 길에서 예수님을 만나 회심한 분입니다. 성인의 이름을 얻는다는 건 아주 귀한 일이오. 성인의 생애를 본받으려고 애쓰며 살아야 합니다."

옥리가 어디서 구했는지 차관에 맑은 물을 담아 와 건네자 김성우는 천씨와 마주하여 성호를 긋는다. 천씨 역시 정성스레 성호를 긋는다.

"바오로! 앞으로 마귀를 끊어 버립니까?"

"네, 끊어 버립니다."

"앞으로 모든 죄를 끊어 버릴 것을 결심하면서 천주경, 성모경을 외웁시다."

하늘에 계신 우리 아비신 자여….

"바오로, 성부와 성자와 성신의 이름으로 당신에게 세례를 주노라."

김성우가 바오로의 이마를 기울여 물을 붓자 바오로의 눈귀로 눈물이 주루룩 흐른다. 방 안의 죄수들도 정좌를 하고 앉아 이들의 행동을 눈여겨본다.

김성우는 다시 포도대장 앞으로 불려 나갔다.

"어떠냐? 마음을 정했느냐?"

"백 번 천 번을 물어도 내 대답은 한결같소. 나는 살아도 천주교인으로 살고, 죽어도 천주교인으로 죽을 것이오."

"저런 우매한 자를 보았나! 내 너한테 온정을 베풀려고 하거늘, 너는 같은 옥사에 있는 죄수들에게까지 사교를 믿도록 권한다 들었다. 앞으로 너는 죽는 날까지 그 대가를 치르게 될 것이다. 여봐라! 사정을 두지 말고 저 죄인을 매우 쳐라!"

그날 이후 성우는 단독 옥사에 갇혔다. 새 신자인 바오로의 얼굴을 두 번 다시 못 보게 되는 사실도 그렇지만 다른 죄수들에게도 교리공부를 시키려던 계획이 무산되어 몹시 애석했다. 엎어져 있는 그에게 김동춘이란 옥리가 뼈가 드러나도록 살갗이 헤진 엉덩이에 똥물을 발라 준다.

"저쪽 막사 옥리가 줍디다. 어르신 상처에 발라 드리라고. 알다가도 모를 일이오. 천주학이 그리 중합니까? 안 믿겠습니다, 한 마디만 하면 이내 방면이 될 텐데 이리 참혹하게 매를 맞으면서도 끝내 고집을 부리는 이유를 모르겠단 말이오."

"그 이유를 내가 알려 주리다. 한 번 들어 보겠소?"

기진맥진한 상태이면서도 성우는 슬쩍 운을 뗀다.

"아, 아닙니다요. 앓아누우신 어머니 병환을 당장 낫게 해 준다면 모를까…"

"자당님이 편찮으신 모양이구려. 내가 낫게 해 드리다."

"그런 빈말 함부로 하시는 거 아닙니다요."

김동춘이 그에게 발라 주고 남은 똥물 바가지를 거두어 나가며 툭 던지는 말이다. 아마도 어머니의 병환에 오래 시달린 모양이다. 좁은 옥사에 인분 냄새가 역하게 풍겼지만 김동춘도 김성우도 개의치 않으니 아마도 옥사의 다른 악취에 익숙한 탓이리라. 까무룩 잠이 들었던가, 아니면 혼절을 했던가. 성우는 오래전

꿈에 자주 듣던 천주강령 가락을 들은 듯한 찰라 눈을 떴다. 김동춘과 다른 옥리가 나누는 말이 천주강령 후렴처럼 그의 귀에 흘러든다.

"자하문 밖에 용하다는 한약방이 있다지 않았는가?"

"소문이 그렇다는 거지. 어머니께 권해 보았지만 도리머리를 하시네. 다 궁색한 집안 형편 봐서 그러시는 거겠지. 그간 탕약도 여러 첩 드시고…"

마침 그날, 아들 성희가 면회를 왔다. 내색 지 않으려 하지만 흰 무명 바지를 물들인 핏자국은 어쩔 수 없는 법, 아들은 아버지의 모습에 한동안 말을 잇지 못한다.

"아버지, 고약을 만들어 왔어요. 상처가 덧나면 안 되니 발라 드리겠습니다."

"이 사람아, 이 상황에 고약이 무슨 필요가 있겠나? 도로 가져가서 다른 환자에게 주어라. 예수님께서 상처가 덧나서 돌아가셨는가? 성신의 도우심인지 매를 맞아도 그다지 아픔을 모르겠더라. 그러니 마음 쓰지 마라. 참 네게 부탁할 일이 생겼다…"

김성우는 김동춘을 불러 성희를 대면시킨다.

"내가 잘 아는 젊은인데 침술과 탕약이 효험이 있다고 소문이 자자하다오. 자당님께 모시고 가서 한번 보이시오."

"이리 젊으신 분이…. 내로라하는 분들께 다 보였지만…"

믿지 못하겠다는 눈치다.

"속는 셈 치고 한번 믿어 보시오. 돈은 받지 않을 게요. 대신 차도가 있으시면 내게 교리공부를 하겠다고 약조하시오. 그게 대가요. 허허허."

성희는 부친의 의도를 단박에 알아챈다.

"댁이 어딘지 함께 가시지요. 마침 침통을 가져왔으니 염려 마시고."

"퇴청하려면 시간이 좀…."

"이 사람아! 걱정하지 말고 다녀오게. 포졸이 순번을 돌면 내가 알아서 할 테니."

함께 번을 선 옥리의 호의로 김동춘은 성희를 데리고 나간다. 성희는 눕지도 앉지도 못하는 부친이 안쓰러워 선뜻 발길이 떨어지지 않는 눈치다.

*

정월 그믐의 칠흑 같은 밤.

키만 훌쩍 크고 마른 소년과 건장한 청년이 살을 에는 듯한 추위도 아랑곳하지 않고 산길을 걷고 있다. 그들의 발걸음이 휘청거리는 건 길이 험한 탓만은 아닌 듯하다. 듣는 이 아무도 없건만 소리 죽여 흐느끼는 소년의 어깨를 감싸 안고 다독이던 청년 역시 코를 훌쩍거린다.

"원희야! 실컷 울어도 된다. 울음을 참는 것도 병이 된다고 성희 형님이 말씀하시더라."

이미 변성기도 지난 칠복이가 우렁우렁한 목소리로 소년의 슬픔을 부추긴다. 몇 개월 동안 집안에 생긴 변고로 마음껏 울 수도 없었던 상황에 속으로 속으로만 눌러 온 슬픔이었다. 원희와 칠복이, 그들은 누가 먼저랄 것도 없이 소리 내어 울음을 터트리더니 아예 산길에 주저앉는다. 그들의 애끓는 통곡소리가 산의 정적을 깨며 멀리멀리 퍼진다. 어디선가 부엉이조차 우엉우엉 슬픈 가락을 보탠다. 밥과 국을 담아 왔던 바가지와 옹기에 굵은 눈물방울이 떨어져 고인다.

남한산성 옥사에 갇힌 만집, 문집, 주집은 그간 면회조차 금지되어 있다가 며칠 전부터 밤에만 면회가 허락되었다. 구산 마을의 신자들은 없는 가운데서도 돌아가며 음식을 장만하여 면회를 다니는 이들의 손에 들려 보냈다. 만집의 아들 원희는 열한 살의 연약한 소년에 불과했지만 효심이 지극하여 매일 밤 아버지 면회를 다녔고 칠복이 또한 집안에 일이 없는 날은 원희와 동행했다. 예년이라면 동네 아낙들이 김 회장의 너른 마당에 화덕을 내놓고, 기름이 자르르 흐르는 솥뚜껑을 뒤집어 전을 부치며 수다를 떨고, 장정들의 떡메 치는 소리가 차지던 명절도 고요 속에 지나고, 쥐불놀이로 떼를 지어 모여 다니던 청소년들의 건강한 함성도 들어 보지 못한 채 정월 대보름도 지났다. 집안의 어른 네 명이 모두 옥살이를 하고 있으니 누구도 마음 놓고 웃지도 못한다. 누가 그러라고 시키지도 않았고, 김 회장은 평소와 다름없이 잘 지내라는 당부를 잊지 않건만 온 마을은 적막한 기운을 거두지 못하고 있었다. 게다가 재산을 몰수당한 김 회장 댁의 살림도 예전 같지 않아서 그 그늘 덕을 보던 사람들이 보릿고개 넘길 일도 만만치 않은 형편이었다.

칠복이는 어깨를 떠는 원희를 한 팔로 보듬은 채 뜨겁게 터져 나오는 울음을 망설임 없이 쏟아 낸다. 문득, 어느 날엔가 김 회장이 들려주던 황일광 어른의 일화가 떠오른다. 백정으로 사람

취급도 받지 못하던 그가 천주교에 입문한 뒤 하늘에 천당이 있다면 지상에도 천당이 있다던 말은 사실이라 믿으며 지난 이 년여를 살았다. 주인 가족의 얼굴조차 바로 보지 못하며 살던 칠복이 남매는 김 회장 가족의 따듯한 사랑으로 함께 밥상에 둘러앉아 밥을 먹었고 자식 대접 받으며 살았다. 황일광 어른의 말처럼 칠복이 남매에게 지상은 분명 천당이었다. 하지만 하늘에도 천당이 있는지 그 점에는 아직 확신이 없었다. 교리를 배우고, 기도 시간마다 성경을 읽고 어른들의 말씀을 들으며 칠복이가 인식한 천주님의 사랑은 이런 게 아니었다. 김 회장이야말로 천주님 말씀대로 지극한 정성으로 천주님을 섬기고 이웃을 사랑했다. 그런 분이 옥고를 치르며 고문을 받게 버려두는 게 천주님의 사랑이란 말인가. 어디 김 회장뿐인가. 그 형제들은 또 어떤가? 그러나 그들은 언젠가 풀려날 거라는 희망이라도 있다. 천주교를 믿는다는 사실 하나로 참수를 당한 앵베르 주교님과 두 신부님, 한양의 여신도 회장인 현경련. 그뿐인가. 김 회장과 그리도 친분이 깊던 정하상, 유진길 모두 참수를 당했다는 사실을 칠복이는 받아들이기 힘들었다. 이럴 때 루치아 할머니가 계시다면 얼마나 좋을까…. 칠복이는 루치아가 사무치게 그리워 더 목청껏 통곡

한다. 루치아가 곁에 있다면 그 투박한 손으로 칠복이의 등을 쓰다듬을 것이다. 아무 말 없이 등을 쓰다듬는 그 따뜻한 손길이야말로 그 어떤 말보다 더 힘이 되고 위안이 되었다. 김루치아는 어느 날, 순돌이 어머니 로사에게 집안 살림을 내어 준 뒤 평생 지고 다니던 등짐도 내려놓고 새벽 배를 타고 한양으로 떠났다. 흐도 아니고 하도 아닌 특유의 웃음은 물론 칠복이와 꽃님이의 등을 쓰다듬던 따스한 손길을 더 이상 느낄 수가 없었다. 이제 이 땅에서 천주학은 사라지는가 싶었건만 김성우 회장을 비롯한 구산 마을 신자들은 더 열심히 기도하기 위해 새벽부터 경당에 모였고 축일이면 회장님의 주례로 공소예절을 정성껏 바쳤다. 그럼에도 불구하고 형제들이 나란히 포박을 받은 건 미욱한 꽃님이 탓인가, 아니면 그 안에 천주님의 섭리가 있는 것인가. 아니, 예로부터 개똥밭에 굴러도 저승보다 이승이 낫다고 했는데 어른들은 어째서 배교 대신 목숨을 내놓는 것인지 혼란스러웠다. 차라리 배교한다고 말하고 풀려나서 다시 믿어도 될 텐데 왜 그러지 않는지 그 점도 의문스러웠다.

원희와 칠복이가 무릎 위에 끌어안은 바가지와 옹기에 흥건하게 눈물이 고일 즈음 칠복이는 원희의 어깨를 안아 일으킨다. 깊어 가는 새벽의 추위가 그들을 사시나무처럼 떨게 한다. 눈발마저 희끗거리며 그들의 눈물 젖은 얼굴을 핥는다.

"형…!"

원희가 코맹맹이 음성으로 칠복이를 부른다.

"우리 엄마 미워하지 마세요. 겉으로는 누나에게 사납게 구셔도 우리끼리 있을 때는 누나 가엾다고 하세요. 그런데 왜 누나만 보면 야단을 치시냐고 하니까 사람 되라고, 정신 좀 차리라고 그러는 거래요."

"원희야, 내가 어떻게 작은어머니를 미워하겠냐? 걱정하지 마라. 나는 잡안의 어른들이 그저 고마울 뿐이란다. 너희 형제는 물론이고."

모친의 거친 성정과 달리 그 아들 원희와 차희는 나이답지 않게 점잖고 예의가 발라 동네 어른들의 칭찬을 받는다.

"고마워요, 형."

"고맙기는…. 너도 나도 성희 형님에게 의술 열심히 배워서 후일 아픈 이들 많이 치료해 주자꾸나. 성희 형님 말을 들으니 원희 너는 영특해서 의술도 금방 배울 거라고 하더라."

"형님이 그랬어요? 난 꽃님이 누나처럼 마음이 아픈 사람들을 위해서 일하고 싶어요."

"고맙기 짝이 없구나."

칠복이 원희의 등을 쓰다듬는다. 두런두런 이야기를 나누다 보니 어느새 구산이 눈앞에 우뚝 서 있다.

＊

김만집(아우구스티노)은 아들 앞에서 의연한 척했지만 마음은 어지럽기 짝이 없다. 굶주리는 동안 무어든 한 숟가락만 입에 들어가도 살 거 같더니 마음 한 바가지에 슬픔은 두 바가지씩 묻어 오는지 아들의 뒷모습을 배웅하고 나니 슬픔과 고통이 꾸역꾸역 솟구친다. 마장안 집에서 체포되어 남한산성 옥에 갇힌 지 세월은 얼마나 흘렀는지 감도 잡히지 않았다. 애들 말에 따르면 정월 대보름도 지났다니 얼추 한 달이 넘는 동안 추위와 굶주림에 시달린 터다. 동생 문집과 종형 주집이 가까이 있으니 그나마 위안이 되지만 한양 감옥에 갇혀 지내는 형님의 안위가 염려스럽다. 칠복이 말을 빌면 잘 지낸다지만 워낙 심지가 깊으니 그 속내를 누가 알겠는가. 옥에 갇힌 뒤 한차례 심문이 있었다. 양반의 자손이 어찌해서 사교를 믿어 이 고생을 하느냐, 배교하면 당장 풀어주겠노라는 관장의 말이 떨어지기 무섭게 만집은 동헌 마당이 쩌렁쩌렁 울리도록 당당하게 외쳤다.

"천주교는 세상에서 말하듯 임금도 아버지도 모르는 금수(禽獸)의 교가 아니라 참진리의 교입니다."

"그러니 배교를 않겠다는 말이냐?"

"배교라니요? 저는 죽더라도 천주교 신자로 죽겠습니다."

"오냐 좋다. 그럼 누가 사교를 믿는 자인지 한 사람이라도 그 이름을 밝히면 방면하겠다."

"나는 모릅니다. 설사 안다고 해도 말할 수 없습니다."

"고얀지고! 저놈 주리를 틀어라!"

그 이후 몇 차례 더 심한 고문을 했으나 만집의 심지는 한결같았다. 문집과 주집에게는 한 번도 문초를 하지 않은 걸 보면 만집 한 사람만 배교시키면 두 사람은 그에 따를 것이라 짐작한 모양이었다. 두 사람은 고문을 직접 당하지는 않았지만 만집의 고문 상태로 충분히 공포와 두려움에 떨었다.

웬일인지 그 이후 더는 문초를 하지 않는 대신 제때에 밥을 주지 않았다. 식은 감자 한 알일망정 하루에 한 번은 양식이라고 주는 것도 끊어진 지 며칠이었다. 옥리들이 저희들끼리 수근거리는 말을 들으니, 흉년이 들어 금년 보릿고개에는 굶어 죽는 이가 많을 거라 했다. 다행히 며칠 전부터 면회가 허락되어 구산에서 먹거리를 매일 가져다주기는 하지만 그것으로 장정들의 배를 채우기란 어림없었다.

좁은 옥사 구석에 쭈그리고 앉아 그들은 아침저녁으로 기도를 하고 묵주 신공을 하지만 때로는 그마저도 공허한 입놀림인 양 위안과 힘이 되지 않았다. 도대체 천주님의 뜻은 어디에 있는지, 언제까지 이런 고통의 시간을 허락하실 것인지 의혹의 그림자가 스멀스멀 기어들 때도 있었다.

설상가상으로 만집은 이틀 전부터 오한이 나서 몸을 떨었다. 그렇다고 덮을 이불이 있는 것도 아니어서 문집과 주집이 제 저고리를 벗어 덮어 주었지만 턱도 없었다. 주리를 틀리고 고문을 당한 탓인지 사대육신 쑤시지 않는 곳이 없었다. 칠복이가 열을 낮추는 환약 몇 알을 가져다주어 간신히 버티고 있었다. 칠복이 손에 형수가 영치금을 넣어 주어 얇은 홑이불이나마 덮을 수 있어 다행이었다. 오한으로 몸을 떨며 만집은 또 다른 유혹에 시달려야 했다. 그의 머릿속에는 배교, 라는 두 글자가 떠나지 않고 맴돌았다.

'지금이라도 배교를 한다고 해 버릴까? 사랑이신 천주님께서 진정 원하시는 건 인간의 행복이 아닌가. 그렇다면 이렇게 추위와 배고픔과 고문에 시달리며 고통받는 게 옳은 일인가. 아니다, 아니야! 내가 지금 무슨 생각을 하는 거야? 한양 포도청에서 형님과 헤어질 때 형님이 소리치지 않았던가. 아우들아, 배교하지 마라. 절대로! 아이쿠…. 형님은 방망이로 맞으면서도 멈추지 않고 소리쳤다.'

비몽사몽 중에 누군가 그의 팔을 잡아끌었다. 그가 이끄는 곳 눈앞에는 시커먼 웅덩이가 아가리를 벌리고 있었다. 만집은 공포심에 사로잡혀 그 웅덩이에 빠지지 않으려고 두 다리로 버티며 악을 썼다.

"형! 형… 왜 그래요? 나쁜 꿈 꾼 거예요?"

막내 문집이 만집의 몸을 잡아 흔들었다. 눈을 떠 보니 종형인 주집도 근심 어린 얼굴로 내려다보고 있다. 만집의 몸은 한겨울임에도 불구하고 땀에 흠뻑 젖어 있다. 만집은 후유 긴 숨을 내쉬며 일어나 앉는다. 누군가의 손에 이끌려 그 시커먼 웅덩이에 빠졌더라면 어쩔 뻔했나, 그런 생각을 하자 머리끝이 곤두서는 것 같다. 배교를 떠올리자 사탄이 그의 영혼을 어둠 속으로 끌었던 모양이다. 때마침 심 서방과 성희가 옥사로 들어왔다. 칠복이와 원희에게 만집의 상태를 들은 모양이었다.

"원희 아범! 고생하네. 오늘은 좀 어떤가? 원희가 한사코 따라오려는 걸 우리가 말렸네. 아들 얼굴 보고 싶어도 오늘은 좀 참게나."

심 서방이 평소처럼 농담을 건네며 허허 웃는다.

"작은아버지! 보내 드린 환약은 다 드셨어요?"

성희가 만집의 팔목을 무릎 위에 올려놓고 맥을 짚는다. 그 사이 원기가 많이 떨어져 모든 장기의 기능이 제 역할을 못하는 듯 맥도 잘 잡히지 않는다. 게다가 심리적으로 불안정한지 심장 박동도 불규칙하다.

"탕제는 드실 수 없으니 환약으로 지어 보내겠습니다."

"이보게, 조카! 이 상황에서 탕제며 환약이 가당키나 한가? 일없네. 고뿔이 들어 열이 났을 뿐인데 그나마 자네가 보낸 환약 먹고 열이 내렸으니 됐네. 내 대신 다른 이들에게 지어 주게나."

"누가 형제 아니랄까 봐 아버지하고 똑같이 말씀하시네요."

"그래? 형님은 어떠신가?"

"같은 옥사에 있는 사람들에게 전교한다고 단독 옥사로 보냈답니다. 그 뒤로는 고문도 뜸하다 하십니다."

 심 서방과 성희는 유마리아가 정성껏 마련해 보낸 주먹밥과 국을 펼친다. 옥리에게는 들어올 때 엽전을 건넸지만 따로 주먹밥 한 덩이를 건넨다. 심 서방과 성희는 그간 누구누구가 치명을 했고, 누구누구가 옥에서 고생한다는 소식을 전했다. 사제품을 받으리라 기대했던 정하상이 순교했으니 김대건 안드레아와 최양업이 사제품을 받고 오기 전에는 사제가 들어오기는 어려울 거라는 주집의 비관론에 심 서방은 낙관론을 편다.

 "아닐세. 이미 조선교구가 설립되었으니까 교황청에서 다시 사제를 보내 줄 걸세. 사제 불모의 시기는 그리 오래지 않을 걸세. 현석문 가롤로 형제에게 들으니 이런 와중에도 새 신자들이 꾸준히 늘고 있다 하니 우리 사람으로서는 이해하기 어려운 천주님의 섭리가 아니겠나."

*

 봄 햇살이 제법 따듯하다. 동네 한가운데를 흐르는 실개천도 얼음이 녹아 돌돌돌 봄을 노래한다. 인간 세상의 굶주림과 살육은 아랑곳없이 계절은 어김없이 구산 마을에도 봄을 데리고 왔다. 윗마을 초가 평상에는 조무래기들이 왕개미 한 마리를 가운데 두고 머리를 맞대고 앉아 있다. 성희의 딸 설이, 순돌이, 개똥이, 꽃님의 아들 요한이다. 김루치아가 살아 있다면 틀림없이 흐흐흐, 그 묘한 웃음을 날리며 아이들의 머리를 쓰다듬었을 터였다.

"이모, 이모! 이거이거."

개미가 달아나려 하자 요한이 혀 짧은 말로 희자의 무릎을 치며 응원을 청한다. 요한은 어미인 꽃님이보다 희자를 더 따른다. 희자는 시부모가 지난가을 순교하고 겁이 많은 남편 홍희만이 도망을 다니는 터라 친정에 와 있었다. 부친도 한양 옥에 갇혀 기약 없는 옥살이를 하고 있으니 친정도 뒤숭숭한 분위기지만 희자는 아이들 보는 것만으로도 기쁘다. 희자가 있으니 로사와 젬마는 마음 놓고 들일을 나간다. 꽃님이는 툭하면 나가 들로 산으로 쏘다니며 밭일에는 관심이 없다. 로사는 그래도 탄하지 않고 꽃님이 모자를 보살핀다. 남들은 모자라느니 팔푼이니 하며 꽃님이 뒤에서 수군대지만 로사는 그러지 않는다. 꽃님이 얼굴을 보고 있노라면 죄는 지어 본 적도 없는 듯 순진무구함이 사랑스럽다. 꽃님이라고 주변에서 제게 뭐라 하는지 모를 리 없건만 개의치 않고 자유롭게 행동하는 걸 보면 부럽기조차 하다.

"우리 고모야! 너는 왜 맨날 우리 고모한테 이모라 그러니?"

설이가 희자 무릎에서 요한의 손을 떨쳐 내며 야무지게 쏘아붙인다. 요한도 지지 않고 우리 이모라고 소리친다. 개똥이와 순돌이가 그러는 녀석들을 의아한 눈으로 쳐다본다. 희자는 다투는 두 아이의 손을 잡고 타이른다.

"설이야! 나는 설이 고모지만 요한이 이모도 되는 거야. 그러니까 너희 둘은 남매야. 고종사촌 남매. 그리고 설이는 이 중에서 제일 크니까 누나고. 앞으로 요한이도 개똥이도 순돌이도 모두 설이한테 누나라고 불러. 알았지? 자, 누나 해 봐!"

설이는 석연치 않은 눈치지만 고개를 끄덕인다. 모두 누나! 소리치자 설이는 만족한 얼굴로 배시시 웃는다. 마침 유마리아가 아이들 먹일 간식을 챙겨 들고 저만치서 걸어오고 있다. 그녀를 발견한 설이와 요한 그리고 꼬맹이들이 맨발로 할머니, 한미야를 외치며 달려간다.

유마리아는 쌀 대신 밀가루로 만든 쑥버무리를 아이들 먹기 좋게 떼어 입에 넣어 준다.

"너도 좀 먹어라. 아이들 보는 일이 얼마나 고된 일인데…. 그래도 네가 있어 로사도 젬마도 마음 놓고 일할 수 있으니 다행이다."

"웬 거예요? 벌써 쑥이 나왔나 봐."

"어제 말따가 곱게 친 밀가루와 어린 쑥을 가져왔더라. 밭두렁에 쑥이 지천으로 깔려 있더라며. 깊이 반성했다. 몇 마지기 안 되는 논도 밭도 다 빼앗겼으니 앞으로 어떻게 사나 걱정했거든. 무엇을 먹을까 무엇을 입을까 걱정하지 말라는 성경 말씀을 깜박 잊고 있었지 뭐니."

며칠 전 칠복이와 마을 청년이 와서 일구어 준 밭에 심은 감자와 고구마 싹이 제법 실하다. 밭두렁에 심은 콩도 훌쩍 자라 그 잎을 쪄서 쌈 싸 먹어도 되겠다며 여인네들은 미리 입맛을 다신다. 곡물보다 먼저 자라는 잡초를 뽑느라 여인네들의 이마에는 땀이 번진다. 봄볕 들에는 며느리를 보내고 가을볕에는 딸을 보낸다던가. 봄 햇살이 제법 따갑다.

"로사, 고맙네. 아무리 교우라도 나 몰라라 할 수도 있는데 우리 두 식구 살게 해 주어서 말일세."

개똥 할머니는 모방 신부에게 세례를 받은 뒤 강퍅하던 성품이 다소 누그러져 이웃들과도 잘 지낸다.

"그게 어디 내 덕인가요, 루치아 형님 덕이지요. 내게 감사할 게 아니라 하늘나라에 가신 루치아 형님 영혼을 위해 기도해야지요. 이 밭도 집도 어디 제 것인가요? 모두 그 형님이 물려 주신 거지요."

"그러게. 그 냥반 지금은 하늘에서 편안하실까? 발바닥에 굳은살이 박이도록 방방곡곡 다니더니…."

젬마는 코를 훌쩍이더니 머리에 두른 수건을 풀어 눈가를 훔친다.

"그렇겠지요. 늘 예수님과 예수님을 낳아 주신 성모님을 뵙고 싶다 하셨으니 지금은 그들 품에서 편하시겠지요."

"정말 그럴까? 난 포졸에게 잡혀갈 생각하면 지금도 오금이 저리는데 그 형님은 어떻게 제 발로 자현을 했을까?"

"워낙 믿음이 깊으셨으니까요. 아이구, 해가 이리 정수리까지 온 걸 보면 밥때가 되었나 보네요. 가서 요기하고 애들도 먹여야지요."

두 여인은 서둘러 집으로 향한다. 꽃남이는 어디로 갔는지 보이지도 않는다.

*

허술한 옷으로도 밤잠을 설치지 않고 견딜 수 있는 걸 보면 봄이 온 게 분명하다. 김성우가 갇힌 독방 옥사에는 하나둘 죄인들이 다시 채워지기 시작한다. 그만큼 잡혀 오는 잡범과 교우들이 늘어난다는 뜻이겠다. 아들 성희의 침과 탕약으로 화병이 깊던 모친의 병을 치료받게 된 김동춘이 김성우에게 틈틈이 교리를 배워 드디어 세례를 받았다. 그의 모친과 아내는 성희와 심 서방이 번갈아 드나들며 교리를 가르치고 있었다. 어쩐 일인지 고문이 뜸하여 성우는 다시 새끼를 꼬아 짚신을 엮었다. 어느 날, 천 바오로가 면회를 왔다. 유부녀를 겁탈한 죄로 들어와 성우에게 세례를 받았던 그가 방면이 되자마자 대부를 찾아온 것이다. 그를 통해서 정약종 댁 종이었던 고 서방이 고열로 앓다가 운명했다는 소식을 들었다.

"대부님, 이제는 세상 유혹 끊어 버리고 열심히 살겠습니다. 산판에 가서 일하기로 약조가 되어 있어요."

"잘됐네요, 아주 잘됐어. 말처럼 열심히 살아요. 그리고 물론 기도는 잊지 않겠지요? 예수님께 의탁해야만 세상살이도 열심히 살게 되는 겁니다."

"그런데… 사십 년 넘게 살아오면서 아들에게 존대하는 아버지가 있다는 말은 들은 적이 없는데, 영혼의 아버지인 대부님은 어째서 아들에게 꼬박꼬박 존대를 하시는지요?"

"허허허 그런가…?"

성우는 어색하게 웃는다. 사실 천바오로는 실제 나이가 성우보다 세 살이 더 많다. 옥중이 아니라면 연치가 높은 사람을 찾아 대부로 정해 주었겠지만 그럴 수 없어 대부가 되다 보니 하대하기가 여간 어색한 게 아니다. 워낙 성우의 성품이 그렇다. 손아래라고 쉽게 말을 놓지 못한다. 천바오로가 돌아간 뒤 다시 꼬던 새끼를 손에 든다. 짚신 다섯 켤레를 만들어야 하루 두 번 멀건 죽이나마 나온다. 그는 집에서 자주 드나들며 음식을 해다 주지만 면회 오는 가족이 없는 이들에게 죽이라도 먹게 하려니 손바닥이 거칠어지도록 새끼를 꼬아 짚신을 엮으려고 애쓴다. 짚신을 엮으며 기도와 묵상을 할 수 있으니 일석이조인 셈이다.

"어르신! 지금에야 어르신께 고백하지만 저도 예전에 천주교 신자였습니다…"

도둑 누명을 쓰고 들어왔다며, 머슴이라고 조사도 제대로 하지 않고 가두는 이놈의 나라 확 뒤집어졌으면 좋겠다는 둥 분이 가라앉지 않아 며칠을 씩씩대던 젊은이였다. 성우 옆에 와 새끼

꼬는 걸 거드는 척하며 주저주저 입을 뗀다.

"저의 부친이 잡혀가 참수당하는 걸 보면서 그길로 신앙을 버렸어요. 천주님을 위해 목숨을 바치면 근심걱정 없는 천국에 갈 거라고, 천민으로 태어나서 사람대접 제대로 받지 못하고 살았는데 죽어서는 천국에서 편안히 살 수 있을 거라고 부친은 말씀하셨지요. 저는 그 말에 화가 났어요. 당신만 편하자고 천국 가면 그만이냐고, 풍 맞은 할머니 보살피며 채소 광주리 이고 난전에서 고생하는 어머니는 생각하지 않느냐고, 나이 어린 동생들은 날더러 어쩌라는 거냐고 소리치고 싶었어요. 저는 그길로 천주님께 등 돌리고 철저하게 세상 사람으로 살았습니다…"

머슴살이를 하며 얼마 안 되는 새경으로 다섯 식구 거두자니 모두 고생이 이만저만 아니었다. 이태 전 할머니는 참수당한 아들 이름을 부르며 숨을 거두고, 동생 셋은 밥벌이한다며 뿔뿔이 흩어진 터라 홀어머니 혼자 겨우 끼니 이으며 살아간다고 했다.

"내게 그런 사정 말하는 이유가 뭐요?"

성우는 짐작하면서도 청년의 속마음이 알고 싶은 듯 물어본다.

"금비녀를 훔쳤다며 멍석말이하라고 호통치던 노마님은 망령기가 있어 툭하면 누가 뭘 훔쳤다고 곧잘 소동을 부리곤 했지요.

없어졌다는 물건은 며칠 후 혹은 반나절도 안 되어 나왔는데 금 비녀는 며칠이 지나도 흔적이 없었어요. 결국 내가 누명을 쓴 거지요. 그날 군불을 지핀 뒤 노마님 구들에 온기를 살피러 들어간 게 잘못이었어요. 보통은 몸종이 해야 할 일이지만 그날 바쁘다며 나더러 좀 봐 달라고 부탁해서 들어간 기였어요…"

더 들어 보지 않아도 상황은 짐작하고도 남았다. 다른 식솔의 손을 탔던가 아니면 노마님이 어디 꽁꽁 숨겨 두고 못 찾는 것이리라.

"함자가 어찌 되는지?"

"김병갑이라 합니다. 어르신 말씀 낮추시지요. 상투를 틀긴 했지만 저 아직 장가도 들지 못하고 스물을 넘겼습니다."

"그래, 천주님께 다시 돌아오고 싶은 게요?"

"그럴 수만 있다면, 그래도 된다면요…. 신앙을 버리고 살아오는 동안 마음 편한 날이 없었어요. 왜 그리 사사건건 울화가 터지던지, 제 안에서는 잉걸불 같은 화가 활활 타오르고 있었지요. 이제 그 화를 다스리지 않으면 무슨 짓을 할지 모르겠어요."

병갑은 옥에 갇혀도 그 화는 가라앉지 않았다. 아니, 오히려 더 분이 치솟아 누구든 슬쩍 건드리기만 해도 치고받는 몸싸움이라도 벌이고 싶었다. 며칠 후 새벽에 눈을 뜨고 보니 어둠이 채

가시지 않은 시각에 누군가 가부좌를 틀고 앉아 명상을 하고 있었다. 늘 단정한 모습으로 새끼를 꼬거나 짚신을 엮고 손에 묵주를 들고 기도하던 이였다. 사랑방에 단정하게 앉아 책을 읽는 선비 같은 양반, 그의 얼굴은 늘 온화하고 편안해 보였다. 같은 옥사에 있는 이들은 물론 옥리들도 그를 대하는 태도가 여느 죄수를 대하는 태도와 사뭇 달랐다. 죄인들이야 죽이라도 얻어먹으니 그렇다 치더라도 옥리까지 그런 태도를 취한다는 게 병갑이 눈에는 꼴같잖았다. 부친과 같은 천주학쟁이라 더욱 비위가 상했는지도 모른다. 며칠 눈여겨보니 병갑이 자신도 그를 보고 있으면 맥없이 치밀던 화가 슬며시 꼬리를 감추는 듯했다.

'흥! 저런 양반도 휘광이 칼 앞에서는 처자식 다 버리고 천국 갈 일만 생각하겠지.'

그를 면회 오는 가족들을 보니 양반집 같은데 사식이라고 들고 오는 건 상민들과 다름이 없었다. 이미 그 집안은 재산이 몰수되어 궁핍해졌다는 걸 느낄 수가 있었다.

"내 아들보다 손아래인 듯하니 그럼 말을 놓겠네. 치명자들이 모두 저 혼자 천국에 가고 싶은 일념으로 피를 흘리는 줄 아나? 물론 그런 희망이 있지만 그들은 자신들의 피가 꽃을 피우고 열매 맺기를 원하는 걸세. 그들이 흘린 피는 땅으로 스며들어 좋은 씨앗이 되고 거름이 되어 싹이 트고 자라 열매를 맺거나 많은 이들의 그늘이 되어 주기도 하지. 기름진 땅에서 오곡이 무르익는 이치와 같은 거지. 물론 눈에 보이는 세상은 그렇지 않을지도 모르지만 눈에 보이는 것만이 전부가 아니라네. 천주님께서 당신 아드님을 보내시어 피를 흘리시게 한 것도 그런 이치라네. 신유박해 이후 사람들은 이 나라에서 천주학은 사라졌다고 생각했을 게야. 그러나 아니지. 음지에서 꾸준히 가지를 뻗고 자라고 있었지. 그러니까 형제간에 서로 용서하고 존중하고 사랑하면서 살아가는 세상은 끝난 적이 없었다네. 바로 그런 세상을 위해 천주님께서 외아들을 보내셨다네."

"어르신 말씀 들으니 뭔가 알 것도 같습니다. 그럼 제가 다시 교우가 되려면 어째야 하는지요?"

"그간의 지은 죄를 참회하고 다시 신자로 살아가는 거지. 아침저녁으로 기도 열심히 하면서…"

성우는 예비 신자에게 하듯 차근차근 기도 생활에 대해 이야기해 준다. 병갑은 고개를 끄덕이다가 눈물을 흘리다가 의심되는 점을 묻기도 한다.

*

　한약재 냄새가 은은하게 배어 있는 구산 약방. 넓지도 좁지도 않은 실내 벽 쪽에 붙어 있는 약재 설합은 반질반질 윤기가 흐른다. 출입문 벽에는 환자가 앉을 수 있도록 긴 걸상이, 또 한 벽에는 감물 들인 당목 천을 늘어뜨린 사이로 목재 침대가 보인다. 침을 놓거나 부항을 떠야 하는 환자가 편히 눕도록 얄팍한 누비 요도 깔려 있다.

　칠복이가 약재를 썰면 그 약재를 분류하여 약재 설합에 넣는 원희는 중얼중얼 인체의 혈자리 명칭을 외우고 있다.

　"원희야, 혈자리 외우다 약재 잘못 넣으면 형님한테 경을 치는 거 알지?"

　원희가 대답하기 전에 출입문이 벌컥 열리며 한 사내가 들어온다. 패랭이에 남루한 바지저고리 아래 각반은 얼마나 오래 빨지 않았는지 때에 절었고 짚신 바닥은 구멍 나기 직전이었다. 구산 약방에 드나드는 손님이라야 대부분 교우여서 낯설지 않건만 방금 들어서서 주인을 찾는 사내는 도무지 누군지 모르는 눈치로 칠복이는 더듬더듬 묻는다.

"어디가 편찮으셔서 오셨습니까? 의원님이 잠시 자리를 비웠는데…. 아…!"

칠복이는 말을 채 잇지 못하고 입을 틀어막듯 멈춘다. 한양 마장안에서 여러 번 뵌 현석문 아저씨였다. 그래도 칠복이는 조심스럽다. 함부로 입을 놀렸다가 낭패를 당할지 모르는 일이다. 처음 보는 사람은 누가 교우인지 누가 밀고자인지 분간하기 어렵다. 구면이어도 조심해서 나쁠 건 없다.

"자네는… 칠복이? 어이구 그새 아주 어른이 다 되었구먼. 그래 장가는 들었나?"

그제야 칠복이도 안심하고 '안녕하십니까? 어르신.' 꾸벅 허리를 굽힌다.

"어르신! 형님을 불러오겠습니다. 잠깐 안채에 들어가셨어요. 이리로 좀 앉으시지요."

원희가 뒷문을 열고 달려 나간 지 몇 분도 되지 않아 성희가 나온다.

"가롤로 아저씨? 그간 강녕하셨어요? 아버지도 어머니도 아저씨 소식을 몰라 걱정하셨는데…. 여기서 이럴 게 아니라 집으로 건너가시지요. 어머니도 반가워하실 텐데."

눈치 빠른 칠복이가 이르기도 전에 뛰쳐나가 큰집으로 달려간다. 실개천을 지나 둔덕을 빠르게 내달려 유마리아 앞에 섰을 때는 숨이 턱에 닿을 정도다. 자초지종을 듣던 유마리아는 빠른 걸음으로 안채를 지나 사랑채로 나간다.

"가롤로 형제님! 무사하셨군요…. 어서 오르세요."

두 손을 마주잡는 그들의 눈에는 눈물이 맺힌다. 현석문과 유마리아는 사랑채에 마주 앉고 나서도 한동안 말을 잇지 못하고 있다.

"회장님은 어떠신지 모르겠네요. 워낙 강인한 분이시라 잘 견디시기는 하겠지만…"

새삼스레 파도치는 슬픔을 가라앉힌 현석문이 먼저 입을 연다.

"네에, 저는 오지 말라 해서 한 번도 가지 않았습니다."

옥에 다녀온 가족들의 말을 들으면 남편은 마음을 잘 다스리고 있는 듯했다. 마라아를 오지 말라는 말은 자칫 마음을 어지럽힐까 저어하는 뜻으로 알아듣고 마리아는 남편에게 향하는 발걸음을 자제하고 있었다.

"형제님…. 참 잘 견디십니다. 속마음이야 오죽하겠습니까만."

"교우들 찾아다니며 순교자들 명단 작성하는 일이야 내 사명이지만 교우들에게 모금하여 교우들 옥바라지 하는 일도 즐겁네요. 참 놀라운 일은 어려운 살림에도 자진해서 엽전을 내놓거나 금붙이 은붙이 내놓는 교인들 보면 눈물겹습니다. 형님께 말씀드렸습니다만…"

현석문은 그간 써 놓은 기록을 유마리아 앞에 내놓는다. 마리아는 소중한 보석 다루듯 조심스럽게 기록문을 받아 든다. 순교자들의 피의 기록이니 어찌 귀하지 않겠는가.

의논 끝에 오지항아리에 담아 뒤뜰 소나무 숲에 묻기로 한다. 올 때마다 현석문이 직접 항아리 뚜껑을 열어 새로운 기록을 모으자는 뜻이다.

"형제님, 이 기록을 제가 필사하면 어떨까요? 필사본과 원본을 따로 보관하면 어떤 변고가 생기더라도 하나는 남을 테니까요."

"그래 주시면 더욱 좋지요. 그럼 형수님만 믿겠습니다."

그날 현석문이 항아리 묻기에 적당한 곳을 지적하고 칠복이가 땅을 팠다. 마리아는 정갈하게 씻어 말린 항아리를 건넨다. 마리아가 필사를 마치는 대로 현석문의 기록을 묻기로 하고 빈 항아리를 묻고 돌아선 그들은 흙을 다지고 솔잎을 덮어 파낸 흔적을 지운다. 이 사실은 다른 가족들에게조차 알리지 않기로 세 사람이 다짐한다.

다음 날, 새벽빛이 채 걷히기 전 현석문은 칠복이가 만들어 준 짚신을 신고, 김 회장이 입던 옷으로 갈아입은 뒤 마제를 향해 떠났다.

8장 꽃님이

무릎을 꿇고 앉아 묵주 신공에 열중하던 유마리아는 조심성 없이 드르륵 열리는 미닫이 소리에 눈을 뜬다. 꽃님이다.

"엄니, 나 오늘 밤 엄니하고 잘 겨."

꽃님이가 어리광 섞인 말로 털썩 마리아 앞에 주저앉는다.

"요한은 어쩌고?"

"요한은 언니가 데리고 갔어. 요한이는 언니가 엄만 줄 알아."

"서운하니?"

"아니! 쪼끔…"

물을 때마다 대답은 한결같다. '아니! 쪼끔…' 말이야 그렇게 하지만 왜 서운하지 않겠는가.

"순돌이네와 함께 사니까 불편하지? 이제 여기로 와서 살아도 돼. 빈방도 있고, 이제는 작은어머니가 너 야단 안 칠 거야."

어머니의 말을 들었는지 말았는지 꽃님이는 엉뚱한 말을 한다.

"엄니, 나 한양 가고 싶어. 성희 오라버니한테 델꼬 가라고 해 줘."

"한양은 왜? 누구 보고 싶은 사람 있어?"

"응, 아부지. 그리고 효주 언니랑 효임 언니도 보고 싶고…"

"효주 언니, 효임 언니는 한양에 가도 만날 수가 없단다."

"왜? 나 언니들 어디 사는지 알아."

"집에도 없어. 한양 집에 드나들던 언니들 다 체포되거나 자현해서 치명했단다."

제대로 알아들었는지 꽃님이는 한동안 말이 없다가 고개를 든다.

"나도 치명할 거야."

"언젠가는 네게도 나에게도 그럴 기회가 올지도 모르지. 하지만 지금은 아니야. 아무나 치명하는 게 아니란다. 세상일에는 모두 때가 있어. 그러니 너는 열심히 기도하면서 요한이를 잘 키워야지."

그날따라 꽃님이는 멀쩡한 정신인 듯 제법 조리 있는 말을 마리아와 주고받는다. 자리를 깔고 눕자 꽃님이는 아기인 듯 마리아의 품을 파고든다. 어쩌다 아기 엄마가 되었지만 이제 열여덟, 양반집 규수라면 지금부터 혼기를 알아볼 나이였다. 마리아는 덩치 큰 아기를 보듬듯 꽃님이를 안아 등을 토닥인다. 의외로 등뼈가 만져지도록 야위었다.

"우리 꽃님이 왜 이리 말랐니?"

잠이 든 거 같지는 않은데 꽃님이는 대답이 없다. 꽃님이만의 세계로 빠져든 듯하다. 평소에도 곧잘 지껄이다가 말이 없어진다. 그럴 때는 누가 건드려도 모른다. 눈동자가 풀리고 입은 반쯤 벌어진다. 엄니한테서는 늘 꽃향기가 나, 꽃님이는 그런 생각을 하고 있다. 꽃님이는 젖배도 곯고 자랐다. 주인 아들과 비슷한 시기에 출생하여 그의 어머니는 도련님의 유모 생활을 하다시피 했었다. 게다가 알 수 없는 병에 걸려 일찍 세상을 떠서 어머니 사랑이 뭔지 모르고 자랐다. 그래서인가, 꽃님이는 마리아를 처음 보는 순간 죽은 어머니가 살아난 듯한 경이로움에 가슴이 뛰었다. 어머니에게서 날 법한 향기로움이 풍기는 듯했다. 아버지 김성우도 마찬가지였다. 짙은 눈썹에 부리부리한 눈매, 꾹 다문 입술에는 어떤 위엄이 도사린 듯했지만 꽃님이를 바라보는 그의 눈에는 자애로움이 넘쳤다.

"꽃님이, 힘들지 않느냐?"

꽃님이가 거의 만삭의 배를 안고 있을 때 아버지가 다정하게 물었다.

"하나도 안 힘들어 아부지. 봐봐, 나 이렇게 뛸 수도 있다니까."

꽃님이가 제자리에서 쿵쿵 뛰어 보이자 김 회장이 질색하며 말렸다.

"어허! 왜 그런 위험한 짓을 하느냐? 그만해라. 알았다, 알았어. 허허허 녀석하군."

마장안 집 사랑채 마당에서 주고받던 말들, 그 따스한 장면이 꽃님이의 기억에 떠오르자 꽃님이의 눈에서 눈물이 주루룩 흘러내린다. 그런 아버지에게 옥살이를 시키다니! 이춘삼에 대한 원망이 다시금 샘솟는다. 요한이 태어나 백일이 지난 후 꽃님이는 아무에게도 요한을 넘겨주지 않았다. 아무것도 모르고 아이 엄마가 되었지만 자신의 살붙이가 마냥 예쁘고 소중했다. 혈육이라곤 오라버니 칠복이뿐이던 그녀에게 요한은 자신의 배 속에서 빠져나온 진짜 피붙이였다. 애 아버지가 누구인지 어떻게 요한이 생기게 되었는지 꽃님이는 개의치 않았다. 주인집 도련님에게 당한 일들도 아득하게 잊힌 뒤였다. 꽃님이는 아침만 먹으면 아이를 들쳐 없고 저잣거리로 나섰다. 그렇게 자꾸 업어 주면 아이 다리가 휘어진다며 어른들이 말렸지만 들은 체도 하지 않았다. 등에 느껴지는 실팍한 무게와 따스한 체온이, 그리고 보는 이마다 잘생겼다는 칭찬이 그녀는 좋았다. 종일 쏘다니다 보면 난전 아주머니들이 삶은 강냉이도 주고 떡도 주고 빈대떡도 주어 요기를 할 수 있었다. 어느 날 그렇게 요기를 하고 저녁나절 집으로 돌아가던 길이었다.

"아니 어디서 이런 잘생긴 도련님이 나타나셨나? 아아, 어미가 아주 미인이구만."

누군지도 모르는 남정네지만 요한과 자신을 칭찬하는 말에 꽃님이는 단박에 마음이 노글노글해졌다. 그가 이춘삼이었다. 물론 처음부터 이춘삼이 계획적으로 다가선 건 아니었다. 홀아비 손에 자라 줄줄이 동생들을 거두느라 나이가 들도록 장가도 들지 못한 그는 꽃님이의 출중한 외모에 호감이 가기는 했었다. 하지만 어느 사내의 아낙인지도 모르는 터에 처음부터 수작을 걸 수는 없어서 그날부터 쉬는 날이면 꽃님이의 주변을 맴돌았다. 그러구러 얼마의 시간이 지난 뒤 꽃님이가 사는 집까지 알게 된 춘삼이는 며칠 집 주변을 맴돌았다. 지켜본 결과 그 집을 드나드는 아들이 많은 데 의심을 품었고 대체 꽃님이와 그 집의 상관관계는 어떤지 호기심이 일었다. 슬슬 구슬린 결과 아이 아버지가 없다는 사실을 확인했다. 그렇다면 저 집을 드나드는 여러 사람들의 정체는 무언가. 천주학쟁이들? 이춘삼의 가슴은 뛰기 시작했다. 천주학쟁이를 잡아들이면 포상을 받는 데다 잘하면 승진까지 할 수 있었다. 어디 그뿐이랴! 저리 큰 집이라면 세간살이도 만만치 않을 터이며 그렇게 되면 꽃님이를 첩으로 둘 수도 있으리라. 이 춘삼은 꽃님이에게 혼인을 약속하기에 이르렀다.

"그러니 솔직히 말해 봐. 장차 장인어른 되실 분은 뭐 하는 분이야? 혹시 천주학을 믿으시나?"

"왜, 잡아가게?"

"무슨 소릴? 장인을 내가 왜 잡아가겠어? 그냥 알고 싶은 게지. 나도 천주학이 뭔지 궁금해서. 만약 그렇다면 너네 식구들에게 한 수 배우려고 그러는 거지."

"몰러. 우리 아부지 그런 거 안 해."

그렇게 잡아떼던 꽃님이도 머리핀이나 노리개를 사 주며 꼬이자 급기야 실토를 하고 말았다. 절대로 자신의 아버지를 잡아가지 않는다는 약조를 받아 낸 뒤였다. 새끼손가락을 걸며 약속했지만 그런 약속쯤은 헌신짝 버리듯 버릴 수 있는 게 포졸이라는 직업이며 이춘삼의 마음씨였다.

"꽃님아, 너 우니? 왜 그래? 너 낮에 무슨 일 있었어? 작은어머니에게 또 한 소리 들었니?"

마리아가 벌떡 일어나 꽃님이를 잡아 일으킨다. 동서가 또 꽃님이를 울린 거라면 이번에야 말로 가만있지 않을 셈이다.

"아니, 작은어머니 못 봤어."

"그럼 왜 우는데? 요한이 데려오라 이를까?"

"아부지 보고 싶어."

고개를 젓던 꽃님이는 엉엉 소리 내어 운다.

"그랬구나, 우리 꽃님이 아버지가 그리운 거구나…"

"엄니 나 울 아부지 보러 갈 테야. 나는 시상에서 울 아부지가 젤루 좋아."

마리아는 뭔가 생각하는 눈치더니 꽃님이를 달랜다. 아버지가 그 안에서도 열심히 기도하는데 네가 가서 울고불고하면 아버지가 속상할 거라고.

"나 안 울고 아부지 얼굴만 보고 올 거야. 응?"

"알았다, 내일 오라비들하고 상의해 보자꾸나."

"나 혼자서도 한양 갈 수 있단 말이야. 나룻터 나가 배 타면 흥인지문(동대문) 근처고 거기서 한양 우리 집 가는 길도 알고 가막소 가는 길도 알아."

"알았다, 알았어. 오늘은 자자."

꽃님이를 달래서 눕힌 뒤 이 생각 저 생각에 몸을 뒤채던 마리아는 이내 고른 숨을 내쉰다. 꽃님이는 마리아가 잠이 든 걸 확인하자 살며시 몸을 빼 방을 나선다. 멀리서 부엉이가 우엉 우엉 슬프게 울 뿐 어둠에 잠긴 집안은 고요하다. '저놈의 부엉이는 무슨 한이 맺혀 저리 밤마다 울어 댈까?' 꽃님이는 잰걸음으로 윗마을 할머니 집으로 향한다. 루치아가 순교한 지 수개월이 지나 이제는 순돌이 엄마인 로사 집이건만 꽃님이 남매에게는 언제나 할머니 집이다.

꽃님이는 쏴쏴 대나무 숲을 스친 바람이 쓸고 있는 마당을 질러 살며시 자신이 거처하는 건넌방으로 들어간다. 불도 밝히지 않은 어둠 속에서 더듬대지도 않고 벽에 걸린 바랑을 내려 방구석에 밀쳐 두었던 꾸러미와 함께 챙긴다. 그 바랑도 루치아가 쓰던 물건이다. 일전에 성희에게 얻은 엽전 두 닢을 손수건에 싸서 속바지 주머니에 단단히 넣는다. 성희는 혈육인 칠복이보다 더

살갑게 꽃님이를 대한다. 칠복이는 늘 큰 눈을 부라리며 누이에게 퉁명을 떨지만 성희는 그러지 않는다. 어느 날, 꽃님이는 여러 가지 약재가 될 만한 풀을 뜯어 성희 앞에 내밀었다. 어려서부터 산으로 들로 쏘다니는 걸 좋아한 꽃님이는 약초에 대해 제법 아는 게 많았다. 그렇다고 약초의 효능을 다 아는 건 아니고 이름은 얼추 아는 정도였다.

"성희 오라버니! 이거 약에 쓰는 거 맞지? 응?"

천식 환자의 화제를 적고 있던 성희는 미소를 머금은 얼굴로 꽃님이를 바라보더니 그녀가 치마폭에 담아 온 잡초들을 하나하나 살펴본다.

"어디 보자! 우리 꽃님이가 한약재에 관심이 있는 걸 보니 여자 한의사가 나올 모양일세."

칠복이라면 쓸데없는 짓거리 하지 말고 요한이나 잘 보라고 퉁명을 떨었을 텐데 성희는 그러지 않았다.

"흠… 개여뀌, 바위취, 다닥냉이, 조뱅이… 제법 약재가 될 만한 풀들일세."

"오라버니, 이 중에서 피 나는 데 바르는 거 어떤 거여?"

성희는 잡풀 중 조뱅이를 들어 설명한다.

"이거는 찧어서 상처에 바르면 피를 멈추게 하지. 그렇지만 이거 하나만 가지고는 부족해. 민들레도 상처에서 피 날 때 도움이 되니까, 같이 쓰면 애기들이 넘어졌을 때나…"

꽃님이는 더 이상 설명을 듣지 않고 후다닥 약방을 뛰쳐나와 조뱅이를 뜯었던 곳으로 달려갔다. 그녀는 아기들이 다쳤을 때를 대비해서 약초를 캐려는 게 아니었다. 종일 걸려 조뱅이와 들판에 지천으로 피어 있는 민들레 잎을 뜯어 집으로 돌아온 그녀는 돌절구에 곱게 빻아 베수건으로 짜서 참기름 병에 담아 두었던 것이다.

꽃님이는 바랑을 짊어지고 로사가 깰 새라 조심조심 집을 나선다. 새벽바람이 제법 선선하지만 첫 배를 타려고 부지런히 걷는다. 이 년 전, 처음 구산 마을에 찾아왔던 다음 날 새벽, 루치아가 꽃님이 남매를 데리고 나루터를 향하던 길이었다. 원래 배를 타러 나갈 땐 아랫마을로 가는 게 지름길이고 길도 평탄하다. 하지만 루치아가 택했던 이 길은 산등성이를 돌아가는 데다 길이 험하다. 어째서 이 험한 길을 택했는지 그 이유는 나중에야 알게 되었다. 칠복이 남매가 뜨내기로 마을에 나타난 게 아니라는 걸 동네 사람들에게 보여 주기 위해서였다. 칠복이는 깨끗한 입성에 건 상투를 틀었고 꽃님이 역시 쪽을 지어 새댁으로 변신

했다. 그들은 부모가 변고를 당하는 타에 외척인 김 회장을 찾아온 거였다. 그렇게, 칠복이 남매는 종의 자식에서 김 회장 댁 인척으로, 게다가 천주님의 자식으로 거듭 태어난 거였다.

 가막소 앞에 이른 꽃남이는 뱃삯을 하고 남은 엽전을 포졸 손에 쥐어 주고 안으로 들어갈 수가 있었다.
 "시상에…. 누가 울 아부지를 이렇게 만들었슈?"
 꽃남이는 마치 같은 옥사에 있는 죄수들이 김 회장을 피범벅으로 만든 양 그들을 둘러보며 목소리를 높인다. 김 회장은 엎드린 채 간신히 고개를 들고 꽃남이를 올려다본다.
 "꽃남아, 목소리 낮춰라. 애먼 양반들 다그치지 말고."
 "괜찮아요. 따님이 오죽 속상하면 그러겠어요."
 김병갑이 꽃남이를 두둔하고 나선다. 바로 어제 끌려 나가 태형을 맞고 돌아온 뒤 김 회장은 밤새 앓는 눈치였다. 잠꼬대인지 꿈을 꾸는 건지 그는 계속 무어라 낮은 소리로 중얼거렸다. 쉽게 잠들 수 없었던 김병갑이 귀를 기울였다.
 '나는 천주교인…. 끝까지 견디는…. 구원을…. 절대로….'
 저런 상태에서도 어떻게 천주교인임을 고집할 수 있을까? 김병갑은 칸살 너머로 희뿌연 새벽빛이 비추도록 곰곰 생각에 잠겼다. 처참하게 맞고 고통을 당하는 이를 속수무책으로 바라만 보고 있는 자신도 안타까웠다. 그 밤, 김병갑은 참수를 당한 아버지를 떠올렸고 외길을 가는 김 회장을 생각하며 천주님의 손짓을 보는 듯했다.

꽃님이는 바랑을 뒤져 병을 꺼낸 뒤 막무가내로 김 회장의 바지를 끌어내린다.

"얘야, 왜 이러느냐? 왜 아버지 바지는…"

"가만있어, 아부지. 내가 약 발라 줄겨."

"무슨 약인지 몰라도 나중에 오래비들 오면 발라 달라고 할 테니 넌 그만해라."

"아녀, 이것 좀 봐. 어떤 놈이 울 아부지 볼기짝을 걸레로 만들어 논겨? 이게 다 춘삼이 그 놈 때문이여. 아부지 아파도 좀 참아. 이거시 성희 오라버니 말 듣고 내가 캐다가 만든 약이야."

꽃님이는 옥리에게 부탁하여 물을 가져오게 해서 무명 수건으로 피딱지를 살살 벗겨낸 뒤 그 위에 약물을 부어 토닥인다. 김 회장은 상처가 쓰리고 아프지만 더 이상 꽃님이를 만류할 기운도 없어서 하는 대로 내버려 둔다.

차마 떨어지지 않는 발길로 가막소를 나와 꽃님이는 터벅터벅 걷는다. '아부지 대신 내가 옥살이를 하면 을매나 좋을까…' 머리카락도 보이지 않게 꼭꼭 숨어 버린 이춘삼을 한양 거리에서 만날 리야 없지만 어디서든 만나기만 하면 멱살을 잡아 찢어 죽여도 시원치 않을 거 같다. 어른들은 일곱 번의 일흔 번도 용서하라는 예수님의 말씀을 따라 이춘삼도 용서하고 잊어버리라 하지만 꽃님이는 그게 잘 안 된다. 아버지를 저리 만든 사람을 어찌 용서한다는 말인가.

문득 정신을 차리고 보니 교우 아가타의 집 앞이었다. 아가타 부부는 열심한 신자로 교회에 헌신적이었고, 있는 재산 다 털어 옥에 갇힌 교우들 뒷바라지를 하며 살았다. 평소 꽃님이 모자를 각별히 예뻐하던 중 김 회장 형제가 체포되고 꽃님이가 이춘삼을 찾아 헤맬 때 꽃님이에게 잠자리를 마련해 주었다.

아가타 언니 집 앞임을 깨달았을 때 꽃님이는 집안의 소란스러움을 느꼈지만 별 생각 없이 안으로 들어선다. 꽃님이를 발견한 아가타는 눈짓으로 도망가라는 신호를 보냈지만 꽃님이는 미처 깨닫지 못하고 멍하니 서 있다. 포졸들은 아가타 부부를 포박한 뒤 눈을 껌뻑이며 겨우 사태를 짐작한 꽃님이를 발견하고 묻는다.

"너도 천주학쟁이냐?"

꽃님이는 망설임 없이 대답한다.

"예, 나도 천주학쟁이어유. 잡아갈 테면 잡아가유."

그러면서 선선히 두 손을 내민다.

"꽃님아! 돌아가! 너 왜 그래? 나리! 저 새댁은 아니에요. 젖먹이 아기가 있어요."

아가타가 애타게 소리치지만 젊은 포졸은 웬 떡이냐 싶은 표정으로 빙글거리며 꽃님이를 포박한다.

*

꽃님이가 마을에서 사라졌다는 사실을 알게 된 건 한나절도 지난 뒤였다. 설희와 토닥거리던 요한이 그날따라 서럽게 울며 엄마를 찾는 바람에 희자가 업고 윗마을에 갔지만 꽃님이는 없었다. 로사도 개똥이 할매 잼마도 꽃님이는 아랫마을에 간 뒤 오지 않았다고 했다. 그제야 심상치 않게 여긴 희자는 다시 아랫마을로 갔고 그 사실을 알게 된 마리아와 칠복이가 당황해할 즈음

본가에 들른 성희가 거들었다.

"이삼일 전인가, 꽃님이가 약품을 잔뜩 뜯어 와서는 상처에 바르는 게 어떤 거냐고 묻더니만…. 아마 아버지께 간 모양이네요."

그길로 심 서방과 칠복이가 한양으로 떠났다. 또 옥사 앞에서 울고불고하여 아버지의 심기를 상해 드린 건 아닌지, 칠복이는 사뭇 걱정스럽다.

"한동안 조용하더니 회장님이 그리웠나 보다. 너무 걱정하지 마라."

나룻배에 몸을 싣자 심 서방이 칠복이를 다독인다. 허나 칠복이는 마음이 편치 않다. 애 어미가 허구한 날 멋대로 행동하며 애를 돌보는 일은 뒷전이었다. 그렇다고 집안일을 거드는 것도 아니고 밭에 잡풀 한 포기 뽑는 일도 나 몰라라했다. 오라비 보기엔 마땅치 않은 짓거리뿐이니 애물도 그런 애물이 없었다. 그래도 어른들이 나무라지 않으니 점점 행동거지가 가관일 밖에 없어 어느 날 마리아에게 부탁했다.

"어머니, 요한 어미 야단 좀 치세요. 어머니나 집안 어른들이 오냐오냐하며 위해 바치니까 제 위에 사람 없는 줄 알아요."

"네가 보기엔 그러니? 내 보기엔 부럽기 짝이 없는데?"

마리아는 배시시 웃었다.

"네…?"

"놔둬라, 얼마나 자유스럽니. 꽃님이는 내 보기에 영이 아주 맑은 아이야. 영혼이 자유로워 그래. 걱정하지 마라."

어머니가 그런 생각으로 위해 바치니 아무도 꽃님이를 업신여기지 못했다. 배를 탄 뒤 칠복이가 투덜댄다.

"애 어미가 되어서 조신하게 애나 잘 키우면 얼마나 좋아요."

"차차 나아지겠지. 성혼할 나이긴 하지만 그 나이라고 누구나 다 철이 들겠느냐? 그저 천주님께 맡기고 기도 열심히 하면 된다."

그들이 김 회장 옥사에 이르렀을 때는 한나절이 기울고도 한참이었다. 꽃님이가 약재를 만들어 와서 다녀갔다는 말을 들으면서도 칠복이는 마음이 불편하다.

"아버지 또 울고불고하면서 난리 피워서 아버지 심기 불편하게 만들었어요?"

"아니, 오늘은 그러지 않고 녀석이 한사코 내 바지를 까 내리고 약을 발라 주는 탓에 좀 민망하기는 했지. 허허허"

엉덩이 상처 때문에 앉지도 못한 상태에서 김 회장은 그런 꽃님이가 마냥 대견한 모양이다. 심 서방도 칠복이도 꽃님이가 집에 오지 않아 찾으러 왔다는 말은 하지 않는다.

옥사를 나온 뒤 칠복이가 안타까운 표정으로 묻는다.

"아저씨, 이 화상 어디로 갔을까요?"

"그러게 말이다. 아직도 이춘삼인가 뭔가를 찾으러 다니지는 않을 테고…."

심 서방도 마음이 놓이지 않는 눈치다.

"혹시 아가타 자매님 집에 가지 않았을까? 그 자매가 꽃님이를 동생 같다며 몹시 예뻐했잖아."

"그랬을까요…?"

그들이 아가타 집에 도착하기도 전에 신도들이 체포되어 갔다는 소문을 들었다. 재차 옥사로 발길을 돌려 옥리 김동춘을 불러냈다. 김동춘은 성우네 가족을 모두 은인으로 안다. 성희의 탕약과 침술로 모친의 화병이 나았고 심 서방에게 교리를 배우고 세례를 받았으니 그럴 만도 했다. 그는 심 서방을 보자 깜짝 반가워했다.

"형님 웬일이세요? 아, 회장님 면회 오시는 길인가요? 들어가시지요. 마침 제가 번을 서는 시간입니다."

"아닐세. 오늘 신도들이 잡혀 왔다 들었는데 어디 옥사인지 알아봐 주겠나?"

그의 도움으로 잠시 후 아카타 부부와 꽃님이를 만나게 되었다. 옥사에 갇힌 그들을 보면서 칠복이는 억장이 무너지는 심정이었다.

"꽃님아. 너는 왜 여기 들어 앉아 있는겨? 여가 어딘 줄 알아? 앞으로 어떻게 되는지 아느냐고?"

"빙충이. 내가 왜 몰라. 나도 치명할겨."

꽃님이는 오히려 오라비를 나무란다.

"치명이 뭔 중 알아?"

"왜 몰라? 누굴 바본 줄 아나? 오라비 너는 그게 문제여. 꽃님이는 맨날 어린애인 줄만 아는 거."

"매질당하다 죽는 거 무섭다고 배교하면 안 되는 거 알고 있는겨?"

"나 배교 안 해. 아부지 따라 천국 갈 거야."

결의에 찬 꽃님이의 모습을 보자니 칠복이는 안심이 되면서도 조카 요한의 얼굴도 떠오르고 누이가 당할 모진 고문의 아픔을 생각하니 마음이 저린다. 배교 안 할 자신 있느냐, 치명이 어떤 건지 정말 아느냐 이모저모 다그치지만 꽃님이의 답변은 제법이다.

"아부지가 거지같은 우릴 델다 이만큼 먹여 주고 키워 준 거는 아부지가 천주님을 공경하며 사랑을 베풀어서 그런 겨. 난 천주님도, 아부지도 사랑한단 말여. 아무리 아프게 고문해도 나 잘 참고 천국 갈겨. 오라비 너는 요한이나 잘 키워. 아니다. 요한이는 희자 언니 아들인께 희자 언니가 잘 키우겠지…"

꽃님이의 얼굴에는 두려운 기색이 하나도 없으니 참으로 기이한 일이다.

다음 날 추문이 시작되었다.

"네 이름이 무엇이냐?"

"꽃님이, 황꽃님이어유."

"고향이 어디더냐?"

"충청도…. 몰러유."

"네 고향도 모른단 말이냐?"

"충청도 살다가 도련님이 나를 해코지해서 오라버니랑 도망쳤어유. 그래서 내는 고향도 없어유."

"저런 맹랑한 거 봤나? 너는 마장동에 살지 않았더냐? 네가 아비라 부르는 자는 김성우고."

"그거는 맞네유. 우리 아부지도 포청에 붙들려 왔어유."

"지금은 어디서 거처하느냐? 마장동 집은 몰수당했다 들었는데."

"…동네 이름은 잘 모르겠고, 배를 타고 가면 되유."

문초를 하던 포도대장이 의미심장한 웃음을 띠우며 고개를 주억거린다. 듣던 대로 모자라는 아이 같다. 아이 어미라 하지만 쪽진 머리 풀어 땋으면 처녀 중 처녀로 보일 정도로 앳되다. 잘만 하면 김성우 주변의 천주학쟁이들을 잡아들일 수 있는 절호의 기회가 될 수도 있으렸다.

"그렇구나, 아이가 있다 들었는데 보고 싶지 않느냐? 네가 말만 잘하면 지금이라도 방면해서 아이를 보게 해 주겠다. 그뿐이냐? 집도 마련해서 아이와 함께 살도록 해 주겠다. 네가 살던 마장동 집에는 천주학쟁이들이 많이 드나들었다던데, 그들의 이름을 대거라."

"그래유? 나는 모르겠네유. 드나드는 사람이야 있었쥬. 워낙 아부지랑 엄니 인심이 좋아서 강 건너에서 오는 사람들 잠자리도 내어 주고 밥도 해 먹이고 그랬어유."

"그러니까 그 사람들의 이름을 대어 보아라."

"내가 수도 없이 드나드는 사람들 이름을 어떻게 알아유? 난 몰라유!"

"그렇겠지. 한 사람이라도 좋으니 어디 사는 누군지, 여자든 남자든 상관없다."

"정말 몰라유. 나는 아기 업고 맨날 장터에 놀러 다녔어유. 아 참, 그 이춘삼이가 나를 꼬드겨 우리 아부지를 잡아넣어구만요. 나리 이춘삼 어디 있는지 갈차 주셔유. 그놈 생각하문 이가 갈려요."

"딴소리하지 말고! 현석문이란 자 누군지 알지?"

꽃님이는 현석문이란 말을 듣자 주춤한다. 알다 뿐인가. 꽃님이가 얼마나 좋아하는 아저씨인가. 아들 요한도 현석문 아저씨만 보면 벙실벙실 웃으며 손을 내밀어서 현석문 아저씨는 오기만 하면 요한을 한참씩 안아 주곤 했다. 만약 요한 아비가 있다면 저런 모습이 아닐까, 꽃님이는 잠깐씩 그런 생각을 하기도 했었다. 그 누님 현경련과 그 어머니는 또 어떻고? 그들은 요한을 마치 자신들의 핏줄인 양 귀애하였다. 그 인자하신 분들도 치명을 하였다는 소식에 얼마나 울었는지 모른다. 현석문 아저씨는 가족이 모두 치명한 뒤 떠돌아다니다 구산 경당에 며칠씩 머물며 무언가 쓰곤 했다. 현석문 아저씨 오셨다고 해서 다음 날 아침 요한을 안고 가 보면 일찌감치 떠난 뒤였다. 실은 꽃님이도 현석문이 어디 있는지 알지 못한다. 다만 현석문 이름 석 자를 들으니 자기도 모르게 그리움이 왈칵 밀려오며 아들이 보고 싶었다.

"잘 생각해 보아라. 현석문이든 누구든 천주학을 믿는 사람 하나라도 기억에 떠올리도록 하여라. 애들아! 꽃님이를 묶었던 오라를 풀어 주어라."

포졸이 달려들어 오라를 풀더니 어디론가 데려간다. 교우들과 함께 갇혀 있던 옥사가 아니다. 동헌 뒤뜰을 돌아 또 한참을 가더니 어느 방으로 안내한다. 넓지도 좁지도 않은 방은 정갈하다. 윗목에 비단 이불도 곱게 개어 있고 아랫목에는 얇은 차렵이불이 깔려 있다. 손을 넣어 보니 따듯하다.

포졸은 꽃님이를 밀어 넣더니 문을 닫고 휑하니 가 버린다. 그제야 꽃님이는 자신이 떨고 있음을 알아챈다. 동헌 마당에 거센 봄바람이 불기는 했어도 그깟 바람이 대수이랴 싶었는데 자신도 모르게 긴장하고 있었던 모양이다. 그도 그럴 것이 옥사에서 불려 나올 적에는 볼기가 터지도록 태형을 당하리라 여겼다. 헌데 태형은커녕 사또의 언행이 부드럽기 짝이 없으니 의아하지 않을 수 없었다. 그럼에도 불구하고 온몸이 긴장으로 굳어지던 거였다.

꽃님이는 짐작한다. 오라를 묶었던 죄인을 이렇게 좋은 방에서 편히 지내게 하지는 않을 터, 어쩌면 이건 우는 아이 달래려는 알사탕인지도 모른다. 꽃님이는 신통하게 그런 생각을 한다. 언문도 모르는 꽃님이는 김성우 가족들과 어울려 사는 동안 기도문을 통해 최소한의 언문은 물론, 어느 정도의 문리도 깨우치게 되었다. 사람들은 더러 팔푼이 같다고 하지만 외양만 그럴 뿐 속은 그렇지 않았다. 유마리아는 늘 꽃님이를 앉혀 놓고 말해 주었다.

'너는 참으로 귀한 존재다. 천주님께서 너를 사랑으로 내셨고 우리 가족들에게는 기쁨을 주기 때문이란다. 그러니 항상 마음속으로 외어라. 나는 귀한 존재다, 나는 귀한 존재다, 이렇게.'

태어나 십여 년을 사는 동안 누구에게도 들어 보지 못한 말이었다. 귀하기는커녕 툭하면 팔푼이라고 쥐어박히고 지청구 먹으며 자랐다. 참으로 이상한 것이 그저 그러려니, 나는 팔푼이려니 여기며 살 때와 내가 귀한 존재려니 여기며 살 때가 달랐다. 꼭 그러자고 작심한 것도 아니건만 꽃님이는 누구 앞에서나 예전처럼 주눅이 들지 않았다. 자신은 김성우 아버지와 유마리아 어머니의 귀한 딸이었다.

저녁나절이 되자 포졸 둘이 잘 차려진 저녁상을 들이밀었다.

꽃님이가 눈을 크게 뜨자 포졸이 이죽댄다.

"마마 저녁 진지 드시와요."

꽃님이는 얼결에 일어나 상을 받아들인다. 이죽대던 포졸이 돌아서며 누군가의 등짝을 치며 말한다.

"잘해 봐라. 춘삼이 너 잘못하면 상투 다 뜯길 텐데 잘 구슬려라. 나는 간다."

그들이 나누는 말을 듣자 꽃님이가 벌떡 일어난다. '용서'라는 말로 가슴에 묻어 두었던 춘삼이란 이름이 튀어나오다니. 아닌 게 아니라 멋쩍은 태도로 성큼 방에 들어서는 이는 이춘삼이다.

"너! …너 무슨 낯짝으로 내 앞에 나타난겨?"

꽃님이가 주먹을 을러메자 춘삼이가 그 손을 잡아 앉힌다.

"지난 일은 미안하다. 내가 잘못 생각했어. 포상에 눈이 어두워 그만 못할 짓을 하고 말았네. 요한이는 잘 있지?"

"어디 그 입에 우리 요한을 올려?"

꽃님이는 새삼 분노가 치밀어 몸을 떤다. 저놈이 아니었더라면 아버지도 작은아버지들도 무사했을 테고 자신도 치명한다고 포도청에 발을 들여놓지 않았을 터였다.

"꽃님아. 화 가라앉히고 내 말 잘 들어. 오늘 밤은 물론 어쩌면 여러 날 편히 지낸 뒤 다시 문초가 시작될 거야. 그때 한 사람이라도 교우 이름을 대지 않으면 심한 고문이…."

이춘삼의 눈에 연민의 그림자가 짙게 어린다. 꽃님이에게 좋아한다며 혼인하자고 꼬일 때의 그 눈빛이다.

"너와 나를 왜 이 방으로 보냈냐 하면 너를 구슬러 교우들 이름을 알아내라는 명령이야. 그렇다고 내가 또다시 너를 해치는 일은 할 수 없어. 다만…."

"다만 뭐여? 나 편하자고 또 가족들 이름 대서 오랏줄로 묶게 하라고? 이제는 못해. 내가 너한테 한 번 속지 두 번 속을 줄 알고?"

"알았어, 알았어. 어서 먹자. 너 배고프지? 어제 오늘 암것도 먹지 못했을 텐데."

꽃님이는 평소 무어든 잘 먹었다. 그녀가 먹는 모습을 보면 밥맛 잃은 병자도 구미가 당길 지경이었다. 헌데 지금은 구경하기 힘든 쌀밥도 깨작거리기만 할 뿐이다. 그 모습에서 꽃님이의 두려움과 공포가 짐작되어 춘삼이는 마음이 아프다. 한때 혼인을 생각했던 여인. 물론 혼인을 허락받기가 쉽지 않은 조건이어서 이내 포기하기는 했지만 그만큼 꽃님이가 좋았던 건 사실이었다. 그저 요한이만 예쁘다면, 어미 닮아 잘생겼다는 말만 하면 금시 입이 벌어지던 그 약점 아닌 약점을 이용하기로 마음먹은 데에는 이유가 있었다. 천주학쟁이를 잡아들인 포졸에게는 포상이 주어진다는 소문 때문이었다. 한사코 입을 열지 않으려는 꽃님이를 꼬드겨 집에 천주교 교우들이 드나든다는 사실을 확인하자 며칠 동정을 살펴 남정네들이 수상한 짐을 꾸리는 정경을 목격하고 다른 포졸을 시켜 그들을 잡아들인 것이다.

그날 이후 춘삼이는 혈안이 되어 자신을 찾아다니는 꽃님이를 피해 다니며 위에서 포상이 내려오기를 기다렸지만 며칠이 지나도 감감무소식이었다. 참다못한 춘삼이는 용기를 내어 포도대장을 찾아갔다.

"나리, 천주학쟁이를 잡으면 포상을 주신다 하셨는데 저는 한 명이 아니라 네 명을 한꺼번에 잡지 않았습니까? 헌데 포상은 어찌 되었는지…"

"네가 천주학쟁이들을 잡아들였다고? 언제? 그게 누구누구냐?"

"김성우 형제들입니다."

"그들에 대한 포상은 이미 내렸다."

"아니 누구에게요?"

"누구는 누구야? 그날 그들을 잡아들인 포졸이지."

춘삼은 고개를 떨구고 동헌을 나섰다. 친구랍시고 부탁했더니 포상을 가로채? 부아가 끓고 억울했지만 도리가 없었다.

그날 이후 춘삼은 꽃님이를 배반한 게 후회가 되었다. 순진하고 마음씨 고운 꽃님이를 배반하다니, 천주학쟁이를 잡아들인 것보다 꽃님이를 속인 게 더 천벌을 받을 거 같았다. 춘삼이는 이번에도 꽃님이를 꼬드겨 현석문인가 하는 작자가 어디서 무얼 하고 다니는지 알아내라는 명령을 받았다. 그러나 밥도 제대로 먹지 못하고 불안에 떠는 꽃님이를 또다시 배반할 수는 없었다. 꽃님이는 물론 교우들이 그토록 믿는 천주님이 어떤 분인지 알고 싶은 마음이 들기도 한다.

"꽃님아! 내가, 내일 아무리 너를 꼬드겨도 알아내지 못했노라 고할 테니 너도 그 현석문인가 하는 사람 끝까지 모른다고 해라. 이참에 네 입을 통해 교우들을 모두 잡아들일 모양이더라."

꽃님이는 들었는지 말았는지 깊은 생각에 잠긴 눈치다. 춘삼이가 말하지 않아도 현석문 아저씨는 물론 교우들 이름은 입도 뻥끗하지 않을 결심을 다지고 있었다. 제가 입을 여는 순간 칠복이와 성희 오라비는 물론 구산 마을 사람 전체가 끌려올 거라는 사실은 분명했다. 꽃님이는 행여 고문에 못 이겨 아는 사실을 실토할까 몹시 두려웠다.

'예수님 도와주셔유. 성모님, 저를 위해 빌어 주셔유. 요한아, 엄마 잘 이겨 낼 수 있게 해 줘. 미안하다, 요한아…'

꽃님이는 계속 마음속으로 기도한다. 포졸이 저녁상을 내가며 의미심장한 웃음을 흘리고 간 뒤에도 춘삼은 돌아갈 생각이 없는 눈치다.

"너, 왜 안 가는겨? 허튼짓하면 가만 안 둘겨. 알아들어?"

"알아들어. 털끝 하나 안 건드릴 테니 염려 말고 자. 내가 이불 펴 줄까?"

"일 없어. 언능 네가 가야 잘 거 아녀?"

"나 지금 나가면 안 돼. 밖에서 다른 포졸이 지키고 있을 거야. 네게서 뭐든 알아내기 전에는 나오지 말라고 했어."

"그래서? 뭘 듣고 싶은데. 밤새 있어 봐라 내가 입이나 뻥끗하나. 그러니까 얼른 가! 발길로 채이기 전에."

춘삼은 들었는지 말았는지 두 손을 사타구니에 찌른 채 양반 다리를 풀지 않는다. 무언가 깊이 생각하는 눈치로 고개를 숙이고 있더니 입을 연다.

"꽃님아, 네가 믿는 천주님 나도 믿고 싶은데 어떻게 하면 되나?"

일순 꽃님이가 얼굴을 번쩍 들고 그를 바라본다. 긴가민가한 눈치더니 이내 고개를 젓는다. 천주님이 어떤 분인지 설명할 능력도 없거니와 누가 뭐라든 함부로 아는 체하면 안 된다며 주의를 주던 집안 어른들과 오라비들의 말이 떠오른다.

"뭘 어떻게 해. 기도하면 되지."

"누구에게 가르침을 받을 수 있을까?"

"왜? 누구에게 배우라고 하면 당장 그 사람 꼰지르려고? 일 없으니 빨랑 가거나 해."

누그러지던 꽃님이의 음성에 다시 날이 서더니 그예 일어나 춘삼이 손을 잡아끈다.

"알았어, 간다고. 천주교 믿고 싶은 마음은 진짜야. 너의 아버지 고발하고 나서 많이 괴로웠어. 그러다 죄책감 털어 버리려면 나도 믿어야 한다고 생각했지. 오늘도 다른 포졸이 들어오기로 했는데 그럼 네가 밤새 괴로움 당할 거 같아서 내가 자청한 거야. 그러니까 내 맘 좀 알아주고 나 용서해 줘."

그의 말이 거짓은 아닌 거 같다. 멱살잡이를 해서 혼쭐내 주겠다던 마음이 슬며시 가라앉는다. 그렇다고 날름 넘어갈 꽃님이가 아니다. 그간 어머니 마리아에게 여러 가지 교육을 받으며 문리가 트일 대로 트인 꽃님이가 아닌가.

"이런저런 말 듣기 싫으니까 어서 나가, 당장! 나도 이참에 두 다리 뻗고 좀 자야겠어."

드디어 꽃님이가 발길질을 하자 이춘삼은 쫓기듯 방을 나선다.

다음 날, 동헌 마당으로 다시 불려 나간 꽃님이는 첫날보다 한결 차분한 표정이다.

"내 그리 호의를 베풀었거늘…. 이춘삼이를 발로 차서 내쫓았다지? 네가 포졸을 그리 무시하고도 무사하기를 바라지는 않겠지? 그러나 현석문 아니라도 좋다. 천주학쟁이 한 사람이라도 이름을 대면 당장 방면해 주겠다."

"아녀자를 속인 이춘삼이는 맞아도 싼 인물입니다. 일흔 번의 일곱 번이라도 용서해야 한다는 예수님 말씀을 따랐으니 망정이지 아니면 내 그놈을 찢어 죽였을 것입니다."

"어허! 저년이 뉘 앞이라고 따박따박 말대답이냐? 그래서? 천주학쟁이 한 사람이라도 대지 않겠다는 말이냐?"

"예, 나는 암것도 모릅니다요."

화가 머리까지 치민 포도대장은 드디어 고문을 명령한다.

"저년의 볼기가 터지도록 곤장을 쳐라. 사정을 두지 마라! 계집이라고 사정을 보는 놈은 저년 대신 맞을 각오를 해야 할 것이야!"

처음에는 곤장질로 시작하더니 매 맞은 볼기 상처가 아물 만하면 다시 불러내서 추문을 하고 주리를 틀게 하더니 급기야 옷을 벗겨 등에다 인두질을 했다.

"이래도 천주학쟁이를 모른다 하겠느냐? 한 사람이라도 이름을 대라. 그러면 당장 풀어 주마."

포도대장은 거의 제정신이 아닌 듯 소리친다. 인물만 반반하고 모자란 계집 잘만 구슬리면 대어를 낚으리라 여겼던 자신의 계획이 수포로 돌아가자 포도대장은 분이 머리끝까지 치미는 것이다.

꽃님이는 아예 귀머거리가 된 듯 낮은 신음소리 외에는 입을 벌리지 않는다. 쪽진 머리는 진작에 풀어져 산발이 되고 곱던 얼굴은 피투성이로 입술마저 부르터서 사람의 형상, 특히 아녀자의 얼굴이라고는 말할 수가 없다. 꽃님이는 마음속으로 천주님, 예수님, 성모님을 간절한 심정으로 부른다. 요한아 어미 배교 안 하게 도와다오. 마치 요한을 안고 있는 것처럼 중얼거린다. 실제로 꽃님이는 요한이 품에 있는 듯, 그 맑고 초롱초롱한 눈을 들여다

보는 듯 얼굴에 미소가 번진다. 하지만 얼굴은 흉하게 일그러질 뿐이다.

"꽃님아! 꽃님아, 정신 좀 차려 봐. 세상에 사람 몸에 인두질을 하다니, 잔인한 놈들 같으니라구."

포졸이 옥사 안으로 던져 넣은 꽃님이를 받아 안은 아가타가 안타까워 어찌할 줄 모른다. 물집이 생긴 인두 자국은 당장 주먹만큼 말갛게 부풀어 오른다. 어찌할 바를 몰라 눈물만 뚝뚝 떨구는 아가타에게 죄수 하나가 옷핀을 머리에 쓱쓱 문지르더니 건넨다.

"이것으로 물을 빼주시오. 그래야 빨리 아물지."

아가타가 차마 찌르지 못하고 벌벌 떨기만 하자 그 죄수가 옷핀을 빼앗아 조심스럽게 찌른다. 말간 물이 주루룩 흐른다. 꽃님이는 그때까지 정신을 차리지 못한다.

며칠 후 다시 불려 나갔지만 꽃님이는 여전히 입을 열지 않는다. 별별 감언이설에도 꿈쩍 안 하는 꽃님이의 태도에 포장은 급기야 옷을 벗겨 공중에 매달도록 명령한다. 소위 학춤 체벌이다. 뒤로 묶인 두 손 사이로 줄을 넣어 매달고 곤장을 치기 시작한다.

꽃님이는 문득 고개를 든다. 누군가 이름을 부르는 소리를 들은 듯하다. 저 멀리에서 옥양목 미사포를 쓴 여인이 꽃님이에게 손짓을 한다. 마리아 어머니 같기도 하고 성모님 같기도 하다. 꽃님이는 뒤로 묶인 두 팔을 허우적대며 소리친다.

'엄니, 나 많이 아파유. 나 좀 델꼬 가유, 엄니이…'

잠시 후 허공에 매달린 꽃님이를 내린 포졸이 침을 퉤 뱉으며 가마니를 가져다 덮는다.

나루터에서 불어온 바람이 소나무 죽은 잎새들을 모래처럼 흩날리는 계절, 윗마을 산등성이에 또 하나의 봉분이 생겼다. 황꽃님 아녜스. 비석이랄 것도 없는, 널빤지에 적어 놓은 성희의 붓글씨도 추위에 떨듯 흔들린다.

평상에 모여 앉아 놀던 아이들도 추위에 쫓겨 방 안에 갇혀 나오지 않는다. 내년 봄이 되면 아이들은 훌쩍 자란 모습으로 평상에 모여 들 테고 그 모양을 내려다볼 수 있는 위치의 김루치아, 황아녜스의 봉분에도 새싹이 돋아날 것이다.

9장 나를 바라보라

꽃님이의 순교 소식을 접한 김성우는 미간에 잠시 고통의 흔적이 스친 뒤 평소의 담담한 태도로 돌아갔다. 그의 몸 어디 한 군데 성한 곳이 없건만 신음소리 한 번 내지 않는다. 더 이상 앉아서 짚신을 엮을 여력도 없어 누운 채 묵주 신공을 바치고 묵상도 게을리하지 않는다. 다른 교우들도 마찬가지다. 그들의 상처가 덧나고 고름이 흘러 앉은 자리가 썩어 악취가 심하다. 아들 성희가 상처에 바르는 약을 틈틈이 만들어 보내지만 언 발에 오줌 누기와 다를 바 없다. 성우는 하루 속히 천주님이 불러 주시기를 간절히 바라지만 그 또한 그분의 뜻에 맡길 뿐이다. 그가 할 수 있는 건 교우들이 고문의 고통으로 배교하지 않도록 격려하며 함께 기도하는 일이다.

이듬해 정월, 심 서방이 면회를 왔다. 평소의 쾌활함을 잊었는지 그는 성우 앞에 고개를 숙인 채 선뜻 말을 꺼내지 못한다.

"뭔가? 말해 보게. 집안에 안 좋은 일이라도 생겼나?"

성우가 재우치자 겨우 입을 뗀다.

"저어… 만집이 병사했다고…"

"그래? 배교 안 하고 하늘나라에 갔으니 다행이네. 늘 걱정했는데…"

육친의 정은 어쩔 수 없어서 성우는 한동안 말을 잇지 못한다.

"제수씨 상심이 크겠구만. 어린 원희랑 차희는 어찌하고 있나?"

"네, 애들은 그런대로… 원희는 칠복이와 성희 약방 일을 도우며 제법 의사 티를 낸답니다, 허허허… 약방을 찾는 환자도 많고 각처의 교우들이 교회 소식을 전하거나 듣고 싶어 오지요. 천주님의 섭리는 참 오묘하네요. 이렇게 박해가 심한데도 새 교우들은 늘어나기만 한답니다. 가롤로 말이 마치 들불이 번지듯 한다네요, 허허허."

심 서방은 선웃음을 웃으며 집안과 마을의 소식도 상세히 전한다. 뜀박질도 곧잘 하는 요한을 설이가 잘 데리고 논다, 자현한 로사의 남편 고동진이 순교했다, 현석문의 순교자 기록을 마리아가 정성껏 필사한다, 중풍으로 누워 앓던 쇠돌이 할머니가 성희의 침술로 좋아져서 지금은 지팡이를 짚고 거동을 한다는 소식에 이르기까지. 만집의 사망 소식으로 인한 성우와 자신의 슬픔을 희석시키듯 심 서방은 무슨 말을 하는지도 모른 채 중언부언하다 돌아갔다.

며칠 후 성우는 다시 동헌 마당으로 불려 나갔다. 그를 데리고 나가며 김동춘이 귀띔을 한다.

"이번에 새로 온 포도대장은 깐깐하기로 소문이 난 자이옵니다."

성우는 그에게 미소를 보이며 고개를 끄덕인다. 동헌 마당에 꿇어앉자 성우는 과감하게 포도대장을 바라본다. 과연 그는 날카로운 눈에 입매가 올라가 매서운 얼굴이다. 웬만한 죄인들은 안 지은 죄도 지었다고 고백할 거 같다.

"네가 김성우인가?"

"그렇습니다."

"너는 양반의 자손으로 어찌하여 이 자리에, 내 눈 아래 무릎을 꿇고 있는가?"

"제가 사교를 믿는 죄인이라고 당신들이 잡아들이지 않았소?"

"그래, 왜 사교를 믿는가? 글줄이나 읽었을 텐데 너는 유교의 가르침도 모르느냐?"

"제가 믿는 천주교는 인의예지(仁義禮智), 삼강오륜(三綱五倫)을 거스르는 사교가 아닙니다."

"사교가 아니라면 어찌하여 부모 제사도 못 지내게 하느냐? 그게 사교가 아니고 무엇이란 말이냐?"

"죽은 사람이 제사 음식을 먹는다고 생각하는 것은 어리석은 생각입니다. 아무리 효자라도 주무시는 부모에게 밥상을 드리지는 않습니다. 우리는 제사 대신 천주님께 부모님의 영혼을 위해 기도드립니다. 그러니 돌아가신 부모님께 제사를 드리지 않는다 하여 사교라 함은 부당합니다."

"그건 너희들의 궤변이고, 나라에서 금하는 사교는 멀리하는 게 백성의 도리다. 임금님이 금하는 사교를 믿는 건 곧 임금님을 무시하는 것이 아니고 무엇이겠느냐?"

"그건 진실이 아닙니다. 천주교는 임금님을 부인하지 않습니다. 다만 임금님보다 더 높으신, 이 세상 만물을 지어내신 천주님을 공경하며 모든 사람을 높낮이 없이 존중하며 사랑하라고 가르칩니다."

"어허, 말은 그럴 듯하구나. 그래서 너는 임금님이 금하시는 사교를 포기하지 않겠다는 말이냐?"

"왕을 위해 죽는 사람은 반역자가 아닙니다. 천주님께서는 모든 피조물을 창조하신 왕 중의 왕이십니다. 어떻게 당신은 전 인류의 아버지를 부인하기보다 죽음을 택하는 사람을 비난할 수 있습니까?"

"닥쳐라! 너는 끝내 너의 종교를 포기하지 않고 죽겠느냐? 다시 한번 묻는다. 너는 사교를 버리겠느냐 아니면 죽음 택하겠느냐?"

"죽는 한이 있어도 저는 절대로 천주님을 부인할 수 없습니다."

"오냐! 그럼 고문의 맛이 어떤지 보여 주마. 고문 도중에라도 못 견디겠으면 안 믿는다고 말해라. 그럼 없던 일로 하여 당장이라도 방면해 주겠다."

"지금 죽어도 저는 천주교인입니다."

포장은 김성우의 다리뼈가 튀어나올 때까지 주리를 틀라고 명했다.

옥사에 돌아가 보니 성우의 곁에서 곧잘 시중을 들던 김병갑이 보이지 않는다. 교리공부를 남몰래 시키기는 했지만 옥사의 누군가가 눈치채고 고발을 한 게 아닌지 염려된다.

"여기 젊은 친구 나갔습니까?"

"좀 전에 불려 나갔습니다. 그가 고문을 당할 리는 없으니 아마도 누명을 벗고 풀려나는 게 아닐까 싶네요."

한참 뒤 김병갑이 돌아왔다. 옥사 안으로 들어온 게 아니라 밖에서 성우를 찾는다. 성우는 겨우 윗몸을 일으켜 옥사 칸살을 사이에 두고 얼굴을 마주할 수가 있었다.

"금비녀를 찾았다네요. 해서 오늘 풀려나게 되었어요."

애먼 누명으로 옥살이하는 병갑을 딱하게 여긴 큰방 몸종이 남몰래 노마님의 세간을 샅샅이 뒤져 금비녀를 찾았노라 했다.

"잘되었네 그려. 내가 일러 준 교리들 명심하며 잘 살게나. 그리고 내 아들을 꼭 찾아가게. 여러 가지로 도와줄 걸세."

"어르신, 이런 모습 두고 떠나려니 발길이 무겁습니다."

"내 염려는 말게. 자네도 보지 않았는가. 하루 이틀 지나면 거짓말처럼 상처가 아무는 것을."

그랬다. 성우뿐 아니라 같은 옥사의 교우들 역시 다시는 아물지 않을 듯싶던 깊은 상처도 하루 이틀 자고 나면 꾸둑꾸둑해졌다. 교우들은 다음 날 고문을 받아도 견딜 수 있는 힘을 주시기 위한 천주님의 섭리라 믿고 있었다.

"회장님, 괜찮으십니까?"

김병갑이 떠나고 간신히 자리를 잡아 눕자 꽃남이와 함께 잡혀 왔던 아가타의 남편 요셉이 조심스럽게 묻는다.

"나는 괜찮소, 견딜 만합니다."

"이렇게 되면 조선 땅에 천주교는 아예 없어지는 거 아닐까요?"

요셉이 일반 죄수들 귀를 의식하여 낮은 소리로 묻는다.

"그렇지 않소. 신유박해 이후 삼십 년 동안 사제가 없었지만 교인들은 숨어서 여전히 기도하고 첨례를 지키며 믿음을 키웠지요. 지금은 세 분 성직자들도 순교를 당하고 절망적인 상황으로 보일지 모르지만 믿음의 씨앗은 여전히 자라며 꽃을 피울 것이오. 용기를 냅시다. 순교자들이 흘린 피는 절대로 헛되지 않을 거요."

이삼일 후 김성우는 다시 포도대장에게 불려 나갔다.

"그래, 상처는 어떤가? 그만하면 마음이 흔들릴 법도 한데. 그 지경이 되어서도 천주학인지 뭔지 하는 걸 믿을 마음이 스러지지 않더냐?"

김성우는 기력이 없는지 아니면 대답할 가치도 없다고 생각하는지 묵묵히 고개를 숙이고 있다.

"어떠냐? 네가 정 배교를 못하겠다면 신자 한 사람이라도 이름을 대거라. 그럼 방면을 약속하마. 듣자 하니 현석문인가 하는 자와 가까이 지냈다지? 그자가 어디 있는지 대거라."

"나는 모릅니다. 옥살이를 시작한 뒤로는 만난 적이 없으니 그가 어디 있는지 어찌 알겠습니까?"

"그래? 그럼 죽겠느냐, 아니면 천주학을 버리겠느냐?"

"나는 살아도 천주교인으로 살 것이요, 죽어도 천주교인으로 죽을 것입니다."

"지독한 놈. 도대체 천주학이 무엇이길래 너희들은 그리도 모질고 독하냐?"

"궁금하시다면 제가 가르쳐 드리리다."

"닥쳐! 네놈들의 피를 보는 것도 지겹다만 그게 네가 원하는 거라면 다시 피를 보게 해 주마. 여봐라! 저놈에게 곤장 오십 대를 쳐라."

넓적한 곤장이 엉덩이를 내려칠 때마다 꼬리뼈가 으스러지는 듯 격심한 통증이 몰려온다. 열 대쯤 맞고 보니 정신이 아득해진다.

'천주님 정녕 이것이옵니까? 저 하나로 끝난다면 아무런 불평도 하지 않겠습니다. 앞으로 얼마나 많은 이들이 피를 흘려야 하는지 모르는 일, 그것이 정녕 당신 뜻이옵니까? 피 흘림은 당신의 외아들 예수님 한 분으로 족한 게 아니었습니까?'

성우는 정신이 혼미한 가운데 자신도 모르게 원망 섞인 말들을 중얼거린다. 그때 마음 깊은 곳에서 울리는 듯한 음성.

'나를 바라보라! …나를 바라보라!'

무슨 뜻인지 몰라 눈을 감은 채 귀를 기울이고 있는 성우의 망막 위로 십자가에 매달린 예수님의 고통스러운 형상이 또렷이 새겨진다.

'아! 예수님, 당신도 저와 함께 피를 흘리고 계시는군요.'

비로소 김성우는 육체의 아픔이 고통이 아니라 기쁨인 의미를 알 것 같았다. 김성우의 상처 난 입가에 일그러진 미소가 번진다.

곤장 사십 대에 그가 정신을 잃자 형리는 곤장질을 멈추고 피를 철철 흘리는 그를 질질 끌어다 옥사에 패대기를 친다.

그날 밤, 고통에 신음하던 죄인들도 깊이 잠든 시각, 포졸이 김성우가 있는 옥사 문을 슬며시 열고 고도리(죄수의 목을 졸라 죽이는 사람) 한 명을 들여보낸다.

멀지 않은 곳에서 향기로운 꽃바람이 불어오는 4월 29일이었다.

맺
는
글

 계절을 거슬러 다시 겨울이 오는가 싶도록 사납던 바람이 잦아든 아침, 여명의 빛이 서서히 벗기면서 까까까악 까까까악 까치 소리가 요란하다. 마을 전체가 깊은 슬픔에 잠겨 있는 터에 반가운 소식을 전해 준다는 까치의 물색없는 외침이 참으로 무상하다.

 동네 어르신들의 정성 어린 손길에 염을 마친 시신은 금방이라도 으흠, 헛기침을 하며 일어날 것처럼 혈색이 맑은 데다 신비한 빛마저 어려 있다.

 이틀 전 한양 동대문 밖 시구문에서 수습한 시신의 형상은 처참했다. 이마에는 모래알이 박혀 있었고 코는 깨져 있었으며 입에도 모래가 잔뜩 들어 있었다. 목이 졸린 흔적이 있는가 하면 엉덩이 살이 뭉개져 뼈가 드러난 탓에 흰색 무명 바지는 피범벅이 되어 있었다. 시신의 상황으로 짐작해 볼 때 주리를 틀린 데다 곤장을 심하게 맞았음이 분명해 보였다. 그럼에도 불구하고 피는 굳지 않고 방금 흘린 피처럼 빛이 선명했다.

순교 소식을 듣고 집안의 남정네들이 밤마다 시체 더미를 헤치며 사흘 만에 찾아낸 시신이었다. 산 사람의 눈에는 극심한 고통의 흔적이 역력해 보이건만 시신의 얼굴 표정은 평소처럼 온화했고 미소를 띠운 듯 입꼬리도 살짝 올라가 있었다.

소금장수 최 서방의 도움으로 소금가마 더미에 시신을 싣고 귀가할 때만 해도 슬퍼할 겨를이 없었다. 그저 무사히 집에 모셔 장례를 제대로 치르고 싶은 간절함에 성희는 마음을 졸이며 두 손을 모았다. 다행히 수검에 걸리지 않고 안방에 시신을 모실 수 있어서 얼마나 가슴을 쓸어 내렸는지 모른다.

너른 마당에 차일이 쳐지고 두건을 쓰거나 베 완장을 두른 젊은이들이 분주히 오갈 뿐 여느 상가처럼 호곡도 들리지 않고 상가의 분위기는 깊은 정적에 잠긴 듯 무거웠다. 그도 그럴 것이 차남 김만집이 옥사한 지 석 달도 채 되지 않아 장남까지 순교했으니 상주도 드나드는 문상객들도 침통한 표정으로 행동거지가 조심스럽다.

'원하던 치명을 하게 되면 그보다 더 큰 축복이 없으니 세속의 장례 절차는 헛것임을 알아야 한다.'

옥중에서도 고인은 가족들에게 누누이 말했다. 옳은 말이기는 하지만 외아들의 입장에서는 부친의 하늘나라 입성이 기쁠 수만은 없었다. 오히려 죄송하고 송구한 마음이 더 컸다. 주위의 눈치 보지 않고 기도문을 외우거나 성가를 소리 높여 부를 수 있다면 쓰라린 심정이 다소 가라앉을까. 문상객 중 더러는 촛대 위에서 불을 밝히고 있는 소반 앞에 조용히 무릎을 꿇고 눈치껏 성호를 긋고 입 속으로 천주경을 외웠다. 부친과 그 형제들이 사학을 믿는다는 죄목으로 구속된 뒤에 재산이 거의 몰수당한 터이기는 하지만 마을 사람들이 저마다 정성껏 들고 온 음식으로 문상객을 대접하는 음식이 그리 궁색하지 않다.

'나는 천주교인이오. 살아도 천주교인으로 살 것이며 죽어도 천주교인으로 죽을 것이오!'

성희는 갈라지고 부르튼 입술을 달싹이며 배교를 강요받을 때마다 부친이 외쳤다는 말을 되새긴다. 이제 그 말은 자신의 것이어야 한다는 각오를 다지는 성희의 결의 찬 눈에 굵은 눈물이 맺힌다. 성희는 눈물 어린 눈으로 곁에 다소곳이 서 있는 어머니를 바라본다. 굵은 삼베 상복을 입었음에도 계모인 마리아의 모습은 단아함과 품위가 후광처럼 서려 있다. 생모의 기억이란 희미한 젖내 같은 것, 그것도 실제의 기억인지 상상인지 확실치 않지만 어쩌다 생모를 떠올리면 그런 희미한 내음이 전부다. 그에 비하면 계모 유마리아의 사랑은 성희 남매의 성장 과정에 없어서는 안 될 자양분으로 가득 채워져 있다. 새삼 어머니의 은혜가 가슴에 사무친다. 부부사랑도 서로가 애틋하여 주위의 부러움을 샀으니 홀로 남은 생을 어찌 살아낼지. 물론 그녀의 신앙심이 유별하니 큰 걱정 안 해도 되겠지만 신에 대한 믿음과 사랑은 인생살이와 또 다르지 않은가.

어머니 곁에 서서 문상객을 맞는 칠복이를 돌아본다. 달랑 남매뿐인 성희에게 칠복이는 든든한 남동생이다. 칠복이는 덩치에 어울리지 않게 울음이 헤프다. 아버지 치명 소식을 들은 날부터 낮이고 밤이고 울어서 주위의 애간장을 녹였다. 아버지보다 앞서 치명한 동생 꽃님이. 칠복이는 육친 두 사람을 잃은 셈이니 어찌 슬프지 않을까.

어느 날, 바람결에 묻어 온 민들레 홀씨처럼 날아와 김씨 집안의 가족이 된 칠복이 남매. 비록 성은 달라도 친형제 이상으로 사랑스럽던 칠복이와 꽃님이. 그들로 인해 성희의 가족은 충분히 기쁘고 은혜로웠다. 그들을 통해 천주님의 섭리와 안배를 체험했으니 말이다.

장례를 치르고 있는 가족과 멀고 가까운 친인척들, 현재 체포되지 않았다고 마냥 안심할 일도 아니다. 언제 또 박해의 바람 앞에 스러질지 모른다. 그렇다 하더라도 이 땅에 천주님의 사랑이 사라지지 않을 것이란 사실을 성희는 굳게 믿는다.

이윽고 상여가 대문을 나서자 여인들의 통곡 소리가 상여가(喪輿歌)를 대신한다. 마을을 벗어난 상여가 동구 밖으로 향하고 집안의 가솔은 물론 상복을 입은 동네 사람 백여 명이 상여 뒤로 흰 물결을 이루며 뒤따른다. 만장도 없이 느리게 움직이는 흰 물결 위로 봄 햇살의 빛 조각들이 눈부시게 튀어 오른다.

작가의 말

어느 순간 마음에 담긴 성서 구절이 뜻하지 않게 자주, 영혼의 울림을 가져오는 경우가 있다. 내게는 "잠든 새벽을 흔들어 깨우리라."(시편 57편 참조)는 구절이 그랬다. 그 구절은 차츰 공명을 일으키며 순교자 소설을 쓰고 싶다는 아니, 써야 한다는 사명 의식으로 변했다.

부끄러운 고백이지만 한국의 가톨릭문인협회를 통해 웬만한 국내 성지를 두루 다녔지만 정작 성인들의 업적에 대해서는 상식적인 지식밖에 없었다.

때를 맞춘 듯 아우 요셉이 구산 성지에서 봉사 활동을 하며 도움을 청하는 이메일(email)이 왔다. 내가 멀리서 도울 수 있는 일이란 기도문이나 조선 시대의 문장을 다듬는 단순한 일이었다. 단순한 일이라지만 문장을 다듬는다고 어디 딱 문장만 읽게 되는가. 앞뒤 문맥을 읽다 보니 그게 내게는 자료 공부였다.

하느님께서는 그런 식의 협공으로 메시지를 주시는 것 같았다. 아우가 의도했든 아니든 여러 자료들을 심심찮게 보내 주고 있었으니 말이다. 더는 미룰 수가 없었다. 자연스럽게 구산 성지의 김성우 성인이 떠올랐지만 고국에서 멀리 떨어져 살다 보니 자료 수집은 제한되어 있었다. 길잡이 역할을 해 줄 수 있는 사람이 요셉이었다. 그의 도움을 받기로 하고 뒤늦게 한국 천주교회사를 공부하기 시작했다. 막상 공부하다 보니 다른 성인에 비해 김성우 일가의 자료는 너무 간단했다.

한양에서 진사 벼슬을 지내다 낙향하여, 구산 고을에 터를 잡고 후한 인심과 덕행을 쌓은 김 진사 댁 후손 김성우 성인. 간단한 서술에 불과한 자료에 살을 붙이며 이야기를 풀어 가다 보니 자연히 구산 고을이 무대가 되어 드나드는 이들의 행적을 더듬게 되었다.

이 소설을 시작하면서 제일 먼저 떠오른 이미지는 민들레 씨앗이 빛살처럼 허공에 부서지는 정경이었다. 민들레 씨앗은 한 티스푼의 흙만 있어도 어디든 움을 틔우고 바람결을 따라 번식을 하는 생명력이 강한 식물이다. 밟아도 밟아도 어디선가 다시 피어나는 번식력은 조선 시대의 순교자 이미지와 닮았다. 김성우(金星禹) 성인의 한자음 역시 풀이하면 무한한 우주 공간에 펼쳐지는 별꽃에 다름 아니다. 실제로 별꽃은 두해살이풀로 마을 주변의 축축한 곳에 피는 아주 소박한 꽃이다. 농촌에서 흔히 보고 지나쳤던 별꽃 또한 순교자의 삶을 닮았다.

'잠든 새벽을 흔들어 깨우리라.'는 시편의 한 구절이 별꽃으로 피어나기까지 무려 5년이 걸렸다. 참으로 느린 행보였다. 그 시연이야 어떻든 마지막 소설을 완성할 수 있도록 해 주신 하느님께 감사와 찬미 영광을 드린다.

미흡한 소설이지만 많은 이들이 읽고 신앙 선조들의 순결한 피 흘림과 굳은 믿음을 돌아볼 수 있는 계기가 되었으면 하는 바람이다.

2017년 봄 구산 성지에 머물 수 있도록 허락해 주신 정종득 바오로 신부님께 뒤늦은 감사의 말씀을 전한다. 구산에 머물 때 자료 정리를 해 준 백신욱 베드로 연구원과 이 소설이 완성되기까지 재촉해 주고 지원해 준 아우 요셉에게도 고마운 마음을 보낸다. 더욱이 이 어려운 시기에 책의 출간을 기꺼이 맡아 주신 성바오로출판사에 감사드리며 성바오로출판사의 무궁한 발전을 기원한다.

2022년 샌프란시스코에서

김관숙 크리스티나

참고 문헌

- 『韓國天主敎會史 上·中·下』, 샤를르 달레 저, 안응렬·최석우 공역, 한국교회사연구소, 1980.
- 『하늘로 가는 나그네 상·하』, 김갈수 강의, 가톨릭다이제스트 엮음, 흰물결, 2006.
- 『은화 상·하』, 윤의병 신부 지음, 한국교회사연구소, 2007.
- 『구산천주교회의역사』(구산본당 창립 25주년 기념논집), 천주교 구산성당, 하남, 2004.
- 『한수산의 순교자의 길을 따라』, 한수산 글, 생활성서사, 2009.
- 『브뤼기에르 주교 서한집』, 브뤼기에르 지음, 정양모·윤종국 옮김, 가톨릭출판사, 2007.
- 『성 김성우 안토니오와 구산의 순교자들』, 하성래 지음, 김남수 주교 감수, 천주교 구산교회, 1984.

저자 소개

김관숙

1984년 월간문학 신인상 수상으로 등단

2000년 제2회 장편문학상 수상 (한국소설가협회 제정)

1998년, 2012년 문화예술위원회 창작기금 2회 수혜

장편 소설 『푸른 수레』 발간

소설집 『새벽이 오는 소리』 발간

장편 소설 『풍향계는 바람을 거스르지 않는다』 발간

소설집 『길을 묻는다』 발간

장편 소설 『아주 특별한 날의 이별』 발간

소설집 『텀블위즈』 발간